JN077187

動機づけ研究の理論と応用

個を活かしながら社会とつながる

櫻井茂男 著

金子書房

まえがき

本書は動機づけ研究の入門書です。すでに類書も多いことから，よく読まれている既刊書とはできるだけ内容の差別化を図りました。本書は 10 の Part から，以下のように構成されています。

前半の「第Ⅰ部　いま，動機づけ研究はどこまでわかっているのか」(Part 1 から Part 6）では，動機づけ研究の基礎知識と理論を紹介しました。

Part 1 では，動機づけに関する基礎知識として動機，動機づけ，動機づけに関連する用語について解説しました。

Part 2 から Part 6 までは，動機づけの理論を視点別に紹介しました。具体的には，〈達成の視点から〉学習や仕事の達成レベルに関する理論（Part 2)，〈自律の視点から〉自己決定理論と自ら学ぶ意欲についての理論（Part 3)，〈学び方の視点から〉自己調整学習の理論と学びのエンゲージメント理論（Part 4)，〈他者とのかかわりの視点から〉向社会的動機づけ理論（Part 5)，〈心身の健康の視点から〉無気力についての理論（Part 6）について説明しました。これらの理論のなかでは，自ら学ぶ意欲についての理論，学びのエンゲージメント理論，向社会的動機づけ理論が比較的新しい理論といえます。

後半の「第Ⅱ部　動機づけ研究はどのように役立てられるか」(Part 7 から Part 10）では，前半で説明した動機づけ理論の応用の仕方やヒントを紹介しました。

具体的には，学校で動機づけ研究を活かす（Part 7)，職場・家庭・ボランティアで動機づけ研究を活かす（Part 8)，子どもの発達に動機づけ研究を活かす (Part 9)，心身の健康に動機づけ研究を活かす（Part 10）となっています。いずれの Part でも，具体例とともに動機づけ研究の活かし方が平易に述べられています。

本書全体としては，子どもから大人までの動機づけを対象とし，学習場面や仕事場面，対人関係場面の動機づけについて扱っています。ただし，私の専門が子どもの動機づけですので，応用編を中心に子どもの学習場面や対人関係場面，発達場面が多く紹介されています。

まずはPart 1の「動機づけについて学ぼう」からお読みください。そして動機づけに関する基本事項をご確認された後は，お好きな順序でお読みいただいてかまいません。ただし，第Ⅰ部の理論編をクリアしてから，第Ⅱ部の応用編をお読みになったほうがわかりやすいと思います。

本書の特徴は，個人が仕事や学習に自律的にかかわるための動機づけとともに，集団や社会とのつながりについての動機づけにも言及しているところにあります。まずは，一人ひとりの個人が意欲的にいきいきと生活を送るために，動機づけ研究でわかっている理論を知って活用してほしいというのが，執筆に際してのねらいのひとつでした。そして，読者の方々にはご自身の力を磨いていただき，その培った力を学校や職場，地域などで発揮して存分に活躍し，ご自身の人生を楽しんでいただきたいという強い願いを，本書に込めました。

いま社会が多様化し，人間関係が複雑になるなかで，非認知能力の果たす役割が注目されています。動機（あるいは意欲）は，非認知能力の代表的なものとして関心がもたれています。そのほか本書で詳述している「自ら学ぶ意欲のプロセスモデル」の構成要素である「自己調整（自己制御）」「協働性（協同性）」「コミュニケーション」なども，非認知能力と関係するものです。本書から，このような概念の理解も深めて，生涯を通してよりよく生きる力を備えていただきたいと切に願っています。

著　者

目　次

動機づけ研究の理論と応用――個を活かしながら社会とつながる

装丁 仲川里美（藤原印刷株式会社）

第Ⅰ部

いま，動機づけ研究はどこまでわかっているのか

動機づけ研究の基礎知識と理論

Part 1

動機づけについて学ぼう

最初に動機づけに関する基本的な知識を解説します。具体的には，「動機」や「動機づけ」とは何か，どのようなプロセスで動機づけが生じるのかを説明し，つぎに「動機づけ」と密接に関連した用語の意味を確認します。

第1節　動機づけをとらえる

(1) 動機とは

みなさんは「動機づけが高い人」といえば，どのような人の姿をイメージするでしょうか。会社で今期の営業目標を達成するために，バリバリ働いている会社員でしょうか。家族が喜ぶようなおいしい料理を作るために，はりきっているお母さんでしょうか。それとも，担任している学級の子どもたちが授業内容をうまく理解できるようにと考えて，遅くまで職員室に残って教材研究をしている教師でしょうか。

いずれのイメージにも共通するものがあります。それは「目標をもち，その目標を達成するためにがんばっている姿」です。会社員は営業目標を達成するために，お母さんはおいしい料理を作るために，教師は子どもたちが授業内容をうまく理解できるように，それぞれ奮闘しています。大変そうですが，なんだか楽しそうでもあります。

こうした個々のイメージに共通しているのは，①目標をもつこと，②その目標を達成するために行動を起こしてがんばり続けることです。それらは本書のテーマである動機づけの重要な要素になります。目標を設定し，行動を起こし継続する推進力のことを「動機（motive)」，そして目標の達成に向けて行動し続けるプロセスのことを「動機づけ（motivation)」といいます。

図 1-1 で示すように，動機はよくベクトル量にたとえられます。ベクトル量は図の中にあるような矢印で表現されることが多く，「方向」と「大きさ」という二つの要素をもっています。これに動機をあてはめると，方向は「目標」ということになり，大きさ（つまりエネルギーの大きさ）は目標の達成に向けて行動を起こして持続する「推進力」となります。

さきほどの教師の例でいえば，動機の方向（目標）は「子どもたちが授業内容をうまく理解できるようになること」になり，動機のエネルギーの大きさ（推進力）は「そのために遅くまで教材研究を続ける力」になります。

動機という用語の代わりに「動因（drive）」を使うこともあります。「動因」は，生理的な場面（つまり生理的な欲求が作用している場面）で使用されることが多いようです。

また，動機とほぼ同義の日常用語には，「やる気」や「意欲」があります。鹿毛（2022）によると，やる気は特定の行動を引き起こす原動力（動機）ですが，短期的で不安的な原動力を指すとされます。一方，意欲の「欲」は，やりたいという気持ちを示し，意欲の「意」は意志を示すとされます。つまり，意欲は「やりたい」という強い願望をみなもとに，最後までやり抜こうとする原動力のことであり，これに意志のはたらきが加わるために，安定して確実に行動が起こり，しかも粘り強く取り組むことが含意されているようです。

たとえば，陶芸家を取材したテレビ番組を見ていて，「なんだかおもしろそうだから，自分も陶芸に挑戦してみようかな」というのは，やる気にあたります。一方，陶芸家の父親がいて，その仕事を日々見ているうちに「自分もあのような立派な職人になりたいから，気合いを入れて作陶の修行をしたい」という気持ちが湧いてきたというのは，どちらかといえば意欲といえるでしょう。

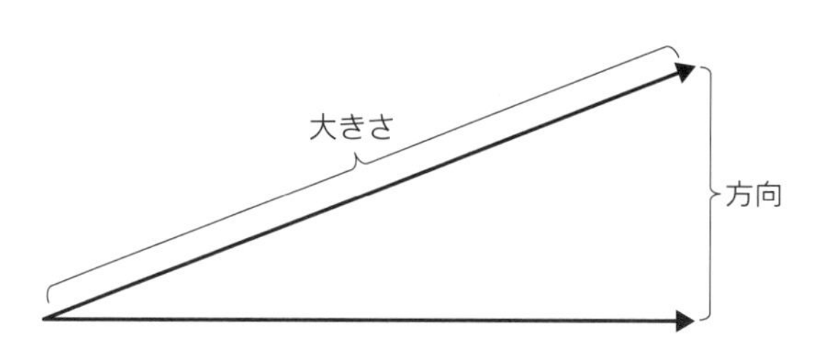

図 1-1　動機のとらえ方（櫻井，2021，p.44）

(2) 動機づけとは

「動機づけ」とは，目標をもち，その目標を達成するために行動を起こしてその行動を継続するプロセスであることを説明しました。心理学では一般に，動機づけを「ある行動を引き起こし，その行動を持続させ，一定の方向に導くプロセス」と定義することが多いです。意味は同じですが，表現が異なります。私は，「目標を達成するために」という表現で，最初に行動が向かう先を明示している前者のほうがわかりやすいと思います。みなさんはいかがでしょう。

動機づけのプロセスは，図 1-2 で示すように環境，記憶，内的状態などの先行要因によってスタートします。先行要因は，個人内の要因である欲求，認知，感情に影響を与えていきます。欲求，認知，感情は，行動する理由や目的を説明することのできる個人内のおもな要因であり，図にはありませんが，個人外の要因である環境やその他の個人内要因（たとえば，パーソナリティ）と相互に影響して，動機が形成されます。

つぎに図の左から二番目の枠にある要因のうち，「欲求」を用いて動機づけのプロセスを説明します。

欲求（need）とは，人や動物の行動を活性化するみなもとであると考えられています。それだけでは行動を活性化する要因として漠然としたものにすぎませんが，「……がほしい」「……がしたい」というような具体的な目標（goal）をともなう動機が形成されると，はじめて具体的な行動が導かれます。

動機の形成における目標の設定は，欲求のほかに「環境」に存在する「誘因」(incentive：「インセンティブ」ともいいます）にも影響されます。誘因とは，

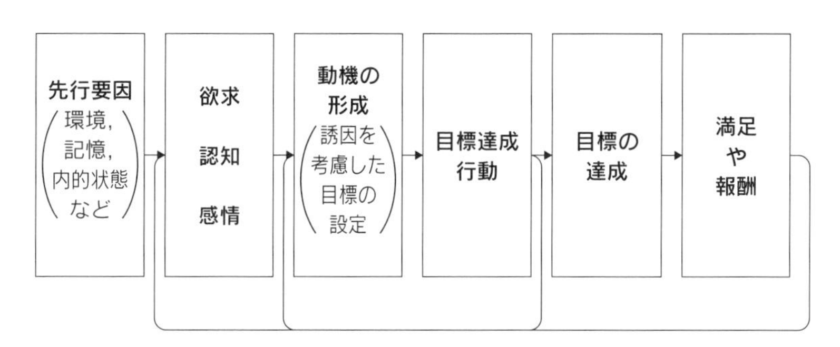

図 1-2　動機づけのプロセス（櫻井，2017, p.17）

環境にあって人を動機づけようとするものを意味し，典型的な例としては金銭などの物質的報酬があげられます。たとえば，スポーツ選手のなかには，優勝賞金(物質的報酬）がより高い大会に出場し，その大会で優勝することをめざしてがんばる人もいるでしょう。もちろん動機づけには推進力が必要です。

動機が形成されると具体的な目標達成行動が発生し，目標が達成された場合には満足や報酬を得て，動機づけのプロセスはいったん終了します。一方，目標が達成されなかった場合には，動機が修正され，新たな目標達成行動が発生します。また目標が達成された場合でも，さらに欲求が活性化されたり，より高い目標が設定されたりして動機づけのプロセスが再開される場合もあります。

動機づけのプロセスについて，具体的な場面を設定して説明します。

炎天下で，子どもたちがサッカーの練習をしています。「炎天下」は，先行要因のなかで「環境」に相当します。炎天下での激しい練習ゆえに（激しすぎる練習は，もちろん厳禁ですが），子どもたちはすぐに喉が渇きます。そうなると，喉を潤したいという（理由や目的の）生理的な「欲求」が喚起されます。その結果として，コーチが休憩を告げると，子どもたちはグランドの端に立てられた休憩用テントをめざして一目散に走り出すことになります。このような行動が起きるのは，なぜでしょうか。

それは，テントのなかには，いつも喉を潤す飲み物（誘因）が用意されているからです。どんな飲み物でも喉を潤すことはできますが，子どもたちがもっている飲み物に対する好み，朝の出来事（「これ以上太ってはならないから，低カロリーのものを飲みなさい」という母親からの忠告など），さらには準備されている飲み物の種類などを即座に考慮したり非意識的に判断したりすることなどから(つまり，環境等との相互作用を通して)，「今日は麦茶を飲もう」という動機が形成され，その実現のために一目散にテントに向かうのです。

そして，十分な量の麦茶が飲めたならば，目標は達成され満足が得られます。しかし，もし麦茶の量が少なく喉を潤すほどの量は飲めなかったならば，つぎの候補である緑茶（この場合，修正された目標）を飲んで喉を潤すかもしれません。そして，喉が潤えば満足が得られ，再びサッカーの練習に熱中します。

第2節　動機づけというプロセス

前節では，動機づけのプロセスを「欲求」という個人内要因を取り上げて説明しました。この節では櫻井（2017）を参考に，欲求とともに「認知」，「感情」という個人内要因も取り上げ，よりていねいに解説します。

(1) 欲求の役割を重視した動機づけプロセス

これまでの研究（たとえば，桜井，2006）から，欲求は二つに大別できます（表1-1）。ひとつは基本的欲求（basic need），あるいは一次的欲求といい，人に生まれつき備わっている欲求です。もうひとつは社会的欲求（social need），あるいは二次的欲求といい，おもに生後の学習経験によって獲得されていく欲求です。

1）基本的欲求

基本的欲求は，さらに生理的欲求，種保存欲求，内発的欲求の三つに分けられます。生理的欲求には，飢え，渇き，排泄，睡眠（休息），適温維持などの，欠如した状態を回避したい（満たしたい）とか快適な状態をかなえたい（保ちたい）という欲求が含まれます。これらは，どれも人が生きるために不可欠な欲求です。生理的な基盤があり，ホメオスタシス（恒常性維持）に基づいてはたらくとされます。ホメオスタシスとは，人や動物の内部環境を一定に保とうとするメカニズムです。たとえば，適温維持の欲求によって，人の体内温度は，外気温が高くなれば発汗や末梢血管の拡大などが起こり，反対に外気温が低くなれば末梢血管の収縮などが起こり，このしくみで一定に保たれています。ホメオスタシスには限界があるため，時には人為的に涼しくしたり暖かくしたりする必要があります。

前述の炎天下でサッカーをする子どもの場面で説明したように，生理的欲求は動機づけのプロセスのなかで機能します。

生理的欲求以外の基本的欲求である「種保存欲求」と「内発的欲求」には，前者には生理的基盤があるとされ（性ホルモンなど），後者には生理的基盤がないとされます。種保存欲求とは性の欲求や母性の欲求などで，種の保存に必要なものです。一方，内発的欲求とは人がよりよく生きるために必要な欲求とされ，好

表 1-1　欲求の分類（桜井，2006, p.126）

基本的欲求（一次的欲求）： 生まれつきもっている欲求	●生理的欲求[a]：個体が生きるために必要な欲求 （生理的な基盤があり，ホメオスタシスに規定される） →飢えの欲求，渇きの欲求，排泄の欲求，睡眠（休息）の欲求，呼吸の欲求，適温維持の欲求など
	●種保存欲求[b]：種が保存されるために必要な欲求 （生理的な基盤がある） →性の欲求，母性の欲求など
	●内発的欲求：よりよく生きるために必要な欲求 （生理的な基盤がない） →接触欲求，感性欲求（刺激を求める欲求），活動欲求，好奇欲求あるいは好奇心（新奇な刺激を求める欲求），操作・探索欲求，認知欲求（知る欲求）など
社会的欲求（二次的欲求，派生的欲求）[c]： 社会での学習経験により獲得される欲求	達成欲求 親和欲求 愛情欲求 承認欲求 自己実現の欲求（成長欲求）など

注）a）生理的欲求と種保存欲求を一緒にして「生物的欲求」とよぶ場合もある。
b）この分類ではこのように命名した。
c）マレー（Murray, 1938）によれば，28 の社会的欲求が提案されている。

奇欲求あるいは好奇心，認知欲求などが含まれます。

好奇心は，幼い頃から発揮されます。生後数か月の乳児は，意識的というより非意識的に，手が届くところのものなら何でも手でつかんで口の中に入れて探索したがります。乳児はこうした経験を通して生きた知識を獲得していきます。おかしな味のするものや口のなかでがさつくものは吐き出すのですが，仮にたばこの吸い殻や口紅等は口に入れると大変危険です。乳児がこれらを口にしないように，養育者は乳児の手が届くところには危険なものを置かないように留意しなくてはなりません。

2）社会的欲求

社会的欲求も多くの下位欲求を含みます。すぐれた水準で物事を成し遂げたいという達成欲求，人と仲良くしたいという親和欲求，人と愛し愛される関係をもちたいという愛情欲求，人に認められたいという承認欲求，自分の個性を活かし自分らしく生きたいという自己実現の欲求などがよく知られています。これらは，いずれも人が充実した社会生活を送るうえで重要な欲求です。たとえば，達成欲求は，学習や仕事の場面で高い目標を設定し，その達成をめざして積極的な行動を起こす際にとても重要な欲求です。

ここで自己実現の研究で有名なマズロー（Maslow, A. H.）が提唱した「欲求の階層説」（たとえば，Maslow, 1954）について紹介しましょう。

マズローは，人にとって最高の目標は自己実現であると考え，個人が自分のよさを最大限に発揮して生きることの重要性を説きました。そして自己実現への欲求を想定し，それにいたる欲求の階層構造を提案しました（図 1-3）。

この階層構造には，底辺に生理的欲求（基本的欲求）が，頂点に自己実現への欲求（社会的欲求）が位置づけられています。高次の欲求は，低次の欲求がほぼ満たされることにより，その追求が可能になると考えられています。食べること，眠ることなどの生理的欲求がほぼ満たされると安全への欲求に進み，安全への欲求がほぼ満たされると所属集団や愛情への欲求に進めるという具合です。このようにつぎつぎと高次の欲求が満たされると，最後に自己実現への欲求を満たす段階にいたります。

この図を見たことがある，という読者は多いかもしれません。マズローの「欲求の階層説」は教員採用試験での頻出問題として知られており，そのため多くの大学で教職に関する授業で教えられています。

自己実現への欲求が喚起され，自己実現ができるような環境に生きる子どもたちは，とても幸せです。しかしまた，安全・安心な環境はいとも容易に奪われて

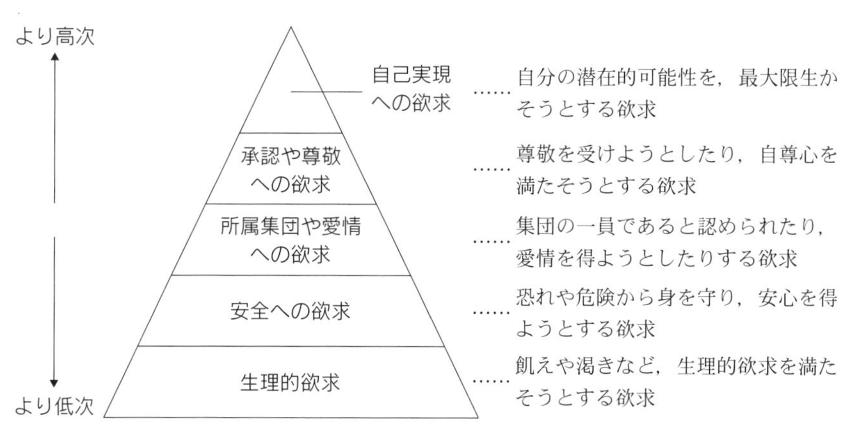

図 1-3　マズローによる欲求の階層説（Maslow, 1954 をもとに作成；黒田，2023, p.101）

しまうことがあるのだと，近年の新型コロナウイルス感染症禍や世界各国・地域での軍事侵攻で，またも危機感を実感した次第です。

近年注目されている「自己決定理論」(Part 3 参照) によると，人は関係性，有能さ，自律性の欲求が充足されてこそ健康で幸福な人生が送れるといいます。大規模な感染症の流行や戦争状態ではそれらの欲求を満たすのが困難ですが，よりよいほうに変えていく力をなんとしてでも模索していきたいものです。

(2) 認知の役割を重視した動機づけプロセス

生理的欲求や種保存欲求には生理的な基盤が明らかにあり，これらの欲求概念に反対する研究者は少ないといえます。一方，その他の欲求には，わざわざ欲求という概念を使わなくても行動が生起する理由を説明できるのではないかと考える研究者もいます。ここでは，認知（認識すること）の役割を重視する二つの代表的な考え方を紹介します。

1) 認知的葛藤

ハント（Hunt, J. M.）やバーライン（Berlyne, D. E.）などの心理学者は，自ら好んで探索したり探究したりする行動の生起を，「認知的葛藤（cognitive conflict)」という概念で説明しました（たとえば，Berlyne, 1971; Hunt, 1965)。

すでにもっている知識と適度のズレがある新しい知識に出会うと，「あれ，どうしたらうまく理解できるのかな？」と，驚きや疑問が生じます。このような現象を「認知的葛藤」といいます。そしてこうした驚きや疑問が，ズレを解消するような行動を動機づけることになります。このような現象は子どもの日常にはよく見られ，教育の場面ではこのしくみをうまく利用することができます。

波多野・稲垣（1973）を参考に例をあげてみましょう。

小学校での理科の授業を思い浮かべてください。教師がサルについて説明をはじめました。一般的なサルのイメージに合うパスタザルやクモザルのほかに，小鳥のように鳴くゴールデンタマリンやフクロウのような顔をしたメガネザルなど，一般的なサルとはズレがある姿をしたサルの話もしました。これは図 1-2 で示した説明では，先行要因としての環境にあたります。そのようなサルの話を聞いた子どもたちには驚きや疑問が生じ（これが，認知的葛藤の発生です），サルとはどのような動物なのかをあらためて探究してみたいと考えます（これが，動機の形成です)。子どもたちは，インターネットや動物図鑑などを使ってサルについて徹底的に調べます（これが，目標達成行動です)。その成果はクラスで発表され，クラスメイトと共有されます（これが，目標の達成です)。そのような時に子どもたちの顔は学ぶ喜びで輝いています（そして,満足が得られます)。

2）自己効力感

もうひとつは，バンデューラ（Bandura, A.）という心理学者が提唱した「自己効力感（self-efficacy)」という概念です（たとえば，Bandura, 1977, 1986, 1997：詳しくは Part 2 で説明します)。自己効力感とは簡単にいえば「自分もやればできる」という自信です。

体育の授業時間に鉄棒で逆上がりの練習をしている子どもの例で，自己効力感を説明しましょう。まず，授業の最初に教師が逆上がりのやり方やうまくいくコツを説明します。そして，ターゲットとなる女の子と体型がよく似た子どもが挑戦して，見事に成功します。つぎはターゲットとなる女の子の番です。クラスのみんなが応援しています（これが，先行要因としての環境です)。

こうした状況から，その女の子は「がんばれば，自分もできる」と思うようになります（これが，自己効力感の発生です)。そして「もし，いまできなくても練習すればきっとできるようになる。まずはがんばってやってみよう」という動機が生まれ，挑戦してみます。しかし，その授業時間内に女の子はうまくできませんでした。そこで，自分と同じようにまだ逆上がりができないクラスメイトと一緒に練習を続けることになります。その結果，二週間後の体育の授業で逆上がりができるようになりました（これが，目標の達成です)。そして，クラスメイトとともに大変喜んだのです（そして，満足が得られます)。

このように,「がんばればできる」という自己効力感が生まれれば，やろうという動機が芽生えて達成行動が始発されやすくなります。そして，粘り強くがんばり続けるとしたら，目標は達成されるでしょう。

(3）感情の役割を重視した動機づけプロセス

感情が，動機づけのプロセスに大きな影響を与える場合もあります。以下に，三種類の感情を取り上げて紹介します。

1）恐　怖

恐怖（fear）という感情は，たとえば毒ヘビやクマなど人間に危害を加える可能性のある生き物に出会ったときに生じる，危機感をともなった震えあがるほど強烈な感情です。この感情は，多くの場合に「逃げる」行動を引き起こします。人類が誕生して以来，弱肉強食の世界で生き残るために，この恐怖という感情は必要不可欠であったと考えられます。

多くの人は，野山を歩いていて急にヘビに出会えば（これが，先行要因の環境です）恐怖を感じ，即座に安全なところに逃げようと思い（これが，動機の形成です），そして一目散に走り出すことでしょう（これが，目標達成行動です）。ヘビがそばにいないと確認できれば，逃走行動は終結し，安堵します。また，なかには足元に落ちている木の枝を拾い，それを整えた棒でヘビを攻撃し撃退する人がいるかもしれません。いずれにしても，恐怖という感情は，逃走あるいは攻撃のような行動を強く動機づける感情です。

2）情動的共感

二つめは，私たちが研究している「情動的共感（emotional empathy）」です。これは援助行動を動機づける重要な感情であり（たとえば，櫻井ほか，2011；植村ほか，2008），詳しくは Part 5 で説明します。

共感とは，簡単にいえば思いやりの気持ちです。そのなかでも情動的共感は，①テストに失敗して悲しんでいる友達を見て自分も悲しくなる，というように他者の感情と同様の感情を共有することや，②同じように悲しんでいる友達を見て，かわいそうに思うような同情のことです。

例をあげて説明します。

小学校高学年の男の子が，下校途中で道端にうずくまるおばあさんを見つけました（これが，先行要因としての環境です）。男の子が「どうしましたか？」と，おばあさんに声をかけると，「息苦しくて動けないの」との答えが返ってきました。その男の子はおばあさんをとてもかわいそうに思い（これが，情動的共感です），おばあさんを助けるためにスマホで救急車を呼びました（これが，動機の形成と援助行動です）。救急車が到着するまで，男の子は通りかかった大人と一緒に，一生懸命におばあさんを元気づけました（これも，援助行動です）。救急車が間もなく到着し，おばあさんは病院に運ばれて事なきを得ました。

なお，援助行動が生起する実際のプロセスでは，さらに多くの要因が関係します（たとえば，櫻井，2020）。そうした複雑なプロセスを解明しようと，現在も多くの研究がなされています（Part 5 など参照）。

3）テスト不安

三つめは「テスト不安（test anxiety）」という感情です。これは学習行動に重要な影響を与えるものです。テスト不安とは，テストでよい点がとれるかどうか，あるいは悪い点をとってしまうのではないかと不安になることです。

たとえば，小学校の学級担任が，「来週は算数のテストをするから，しっかり準備をしておくように」と，いったとします（これが，先行要因としての環境です）。ある女の子は算数が苦手で，担任だけでなく母親からも算数の勉強をがんばるようにいわれ続けてきました。この状況では当然，算数のテストに対する不安は高いといえます（これは，状態としてのテスト不安の発生です）。その不安を払拭するかのように，つぎの週のテストでは 70 点をとって母親を喜ばせたいという目標をもち，そのことを宣言していつもよりがんばりました（これが，動機の形成と達成行動です）。がんばりが実り，テストでは 75 点をとりました（これが，目標の達成です）。結果を母親に報告すると，大喜びして肩を抱いてほめてくれました。女の子は自分でもとても満足しました。つぎのテストではもっとがんばろうという気持ちになりました。

この例では，テスト不安が適応的にはたらいてテスト勉強（達成行動）を促しましたが，テスト不安が高すぎると無気力になってテスト勉強が手につかない場合もあります。

第 3 節　動機づけに関連する用語の解説

動機づけがどのように人の行動に影響するのか，そのプロセスが理解できましたでしょうか。動機づけの基本的なしくみを学んだところで，第 3 節では Part 2 以降を読むうえで知っておきたい動機づけの関連用語について整理しておきます（鹿毛，2013; 櫻井，2017 を参考にしています）。

(1) 動機の方向性

1) 価値と目的

動機には「方向(目標)」と「エネルギーの大きさ(推進力)」という二つの要素があることを，すでに説明しました。まずは，方向，つまり動機における目標に関連する用語からみていきます。

価値(value)は，動機の要素の方向に関係する用語です。ここでいう価値とは，ある人が課題(対象)やその達成(行為と結果)に対してどの程度の主観的な魅力や望ましさを認識しているかです。たとえば，英語の学習が自分にとってつらさや努力をともなうことであっても，英語を学ぶと将来の仕事に活かせたり世界中の人たちとふれあったりするのに役立つはずである(つまり，価値がある)と思えるならば，勉強に励むことができます。また，読書をすると広い世界とつながることができてよいものだと思えるならば，読書に没頭することができます。こうした意味で，価値は目標と同じようなはたらきをして動機づけに影響します。

目的(purpose)にも，価値と同様のはたらきがあります。目的とは，ある人が課題を達成することに対してどのような理由があると認識しているかです。たとえば，自分が有能だと示すには，いまの仕事をうまく達成する必要があると考えるならば，その仕事に励むことができます。また，友達に認めてもらうには，サッカーの試合で得点をあげる必要があると考えるならば，日々サッカーの練習に励むことになるでしょう。

なお，目的は目標に類似した用語ですが，大きな違いがあります。目的は行動を達成するのはなぜなのかという理由(why)を問う用語であるのに対して，目標は何をどのくらい達成するのかという対象(what)を問う用語です。先の例でいえば，「有能さを示す」というのは目的ですが，「そのためにいまの仕事は一時間で終わらせる」というのは目標になります。

ただ，目標と目的の違いについては，そう単純に説明がつくものではないという指摘もあります。たとえば，Harackiewicz & Sansone (2000) は，目標を目的目標(purpose goal)と標的目標(target goal)に分けています。前者は上記で説明した目的に，後者は同じく目標に対応するようです。

2）報　酬

動機づけ行動の生起に影響する要因として，報酬（reward）があります。これは学習や仕事などで課題達成の対価として与えられるものです。家庭でも職場でも，動機づけを高めるためによく用いられます。

報酬は，目標設定の段階で提示された場合には誘因となります。また，報酬の大きさは一般的に動機づけ行動の推進力を高めることになります。

たとえば，算数が苦手な子どもに対して母親が「つぎの算数のテストで 80 点以上をとれたら，夏休みにディズニーランドに連れていってあげましょう。だからしっかり勉強するのよ」と，提案したとします。すると子どもは，喜んでその提案に乗るでしょう。

この場面での報酬とは，「夏休みにディズニーランドに連れていってもらうこと」であり，これが子どもを算数の勉強に動機づける誘因ともなります。そして，これは同時に子どもが「つぎの算数のテストで 80 点以上の成績をとる」目的（理由）にもなります。そうして算数の勉強をして「つぎの算数のテストで 80 点以上の成績をとる」ことは，目標です。

さて，このようにみてくると，この子どもにとって算数の勉強は，夏休みにディズニーランドに連れていってもらう（つまり，目的を達成する）ための「手段」となることがわかります。報酬が継続されると，この子どもは報酬を手に入れるために算数の勉強をすることが強められ，おそらくは報酬がなくなれば算数の勉強も（あまり）しなくなると予想されます。

報酬には，品物や金銭などの物質的報酬のほかに，賞賛やほめ言葉などの言語的報酬があります。報酬の種類による動機づけ効果の違いは，42 頁以降を参照してください。

（2）動機のエネルギー性

1）期　待

行動を起こし，その行動を維持させる推進力となる動機要因のうち，エネルギーの側面を表す用語についてみていきましょう。まずは，期待（expectancy）です。期待とは，主観的に認知された成功の見込み（確率）で，つまり必要な行動が成し遂げられるとどの程度確信しているかです。

期待に類する用語は，ほかにもあります。ひとつは，すでに説明した自己効力感です。これは，自分もがんばればできるという認知です。さらに，（自己）有能感（sense of competence or perceived competence）や自己有用感（sense of competence for others）も同様です。有能感は自分が有能であるという認知であり，自己有用感は対人関係において自分は他者の役に立てるという認知です。有能感や自己有用感は，自己効力感のみなもとになることが想定されています。自分が有能であると思えれば，最後までがんばれるし，自分が他者に対して役立つことができると思えれば，他者に対する援助行動もしっかりできるでしょう。その結果，いずれも自己効力感が高くなるといえます。

なお，日常語の自信（self-confidence）も，有能感や自己有用感に類する用語として使われることがあります。さらに，自尊感情（self-esteem）にも，期待に属する用語という側面がありますが，やや複雑です。なぜならば，自尊感情は当初，自己受容（自分はこのままでよい）という側面が強調された用語でしたが，現在ではそれとともに自己価値（self-worth：自分には価値がある）あるいは自己有能感や自己効力感も含まれる用語になっているからです。わが国では，自己肯定感という用語がよく使われますが，心理学ではこの self-esteem（自尊感情）のことを指すように思われます。

もちろん，期待（そして，それに類する概念）が高いほど達成行動が起こりやすく，さらにそれが持続する可能性も高いと考えられます。

2）意　志

意志（volition）とは，動機を起動し持続させるために，自分に対して「行いなさい！　続けなさい！」と命令するような内なる声といえます。さらに言い換えれば，セルフ・コントロール（self-control）の力といえるかもしれません。

動機のはたらくしくみでは，目標が設定され，目標を達成する推進力があったとしても，自分をうまく鼓舞しなければ，実際の行動は起こりにくいものです。自ら好んで設定した目標では，そうした心配は無用かもしれませんが，他者によって設定された目標に対しては，やらなければならないという決意がなくては行動につながらない場合が多いです。それゆえ，実際に目標達成行動を生起させる力として，意志が必要になるのです。

目標達成の推進力にとってだけではなく，その行動の持続にも意志は必要です。

3）無力感と絶望感

期待とはほぼ正反対の用語として，無力感（helplessness）や絶望感（hopelessness）があります。無力感とは，否定的な出来事に遭遇して形成された「自分の力ではどうすることもできないという思い（無気力な気持ち）」です。さらに絶望感は，無力感が続くという予測から生じる「自分では事態をどうしようもできないだろうという，いっそう強い思い（ひどい無気力状態）」です。

したがって，こうした無力感や絶望感が形成されてしまうと，達成できそうな事態においてさえ，達成行動が引き起こせなくなります。

(3) 動機づけの階層構造

動機づけには，場面ごとに変化するものと，安定しているものがあります。こうした動機づけの性質の違いから，鹿毛（2013）は動機づけの水準に関する精緻なモデルを提唱しています。

このモデルでは，図 1-4 のように，動機づけの安定性を三つの水準に分けています。図の上から順に，①特定の場面や領域を超えた一般的な傾向性であり，個人のパーソナリティの一部として全般的に機能する水準の「特性レベル」の動機づけ，②動機づけの対象となる分野や領域の内容に即して発現する「領域レベル」の動機づけ，③その場，その時に応じて現われ，時間の経過とともに現在進

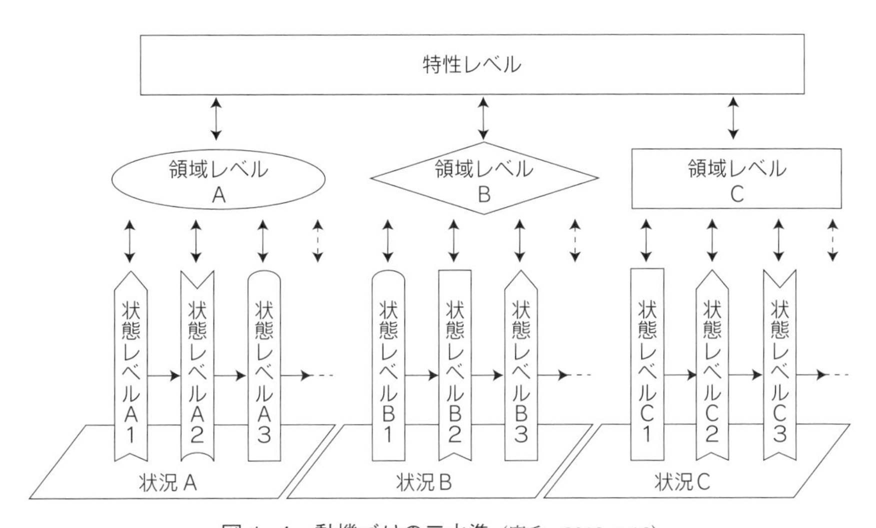

図 1-4　動機づけの三水準（鹿毛，2013, p.16）

行形で変化する「状態レベル」の動機づけです。

具体的な例にあてはめてみます。小学生のある男の子は，ほかの子どもに比べると生活全般，とくに学業や友達関係において積極的でやる気が高い（特性レベル）といえます。学業のなかで，国語には積極的に取り組みますが，算数には今一つ取り組むのをしぶりがちで（領域レベル），そして，ある日の国語の授業ではなぜかやる気が低かった（状態レベル）ということがありました。

いくら普段から意欲的（特性レベル）であるとはいえ，どんな教科にも（領域レベル），どんな時にも（状態レベル）意欲的であるという子どもはいないでしょう。周囲には，子どもをあたたかく見守る目が必要であると思います。もちろん，大人であってもこのような周囲の心遣いがあることは，大切です。

(4) 動機づけの種類

1) 達成動機づけ

動機づけの研究分野でとくに多く登場するのは，達成動機づけ（achievement motivation）です。達成欲求（有能さへの欲求）を仮定するかどうかは別として，卓越した基準で物事を成し遂げたいという動機づけのことです。課題達成場面でも対人関係場面でも登場します。仕事や学習の課題を高い水準で成功裏に終わらせることや，対人関係において好きなクラスメイトと友達になることなどを目標とします。

2) 内発的動機づけと外発的動機づけ

教育心理学分野の動機づけ研究でよく登場するのは，内発的動機づけ（intrinsic motivation）と外発的動機づけ（extrinsic motivation）です。

内発的動機づけとは，ある行動（たとえば，学習や仕事など）をする際に，その行動をすること自体が「目的」となっている動機づけのことです。一般的にいえば，ある行動自体に興味や関心をもって取り組むため，その行動をおもしろいと感じ，楽しんでいる状態といえます。たとえば，昆虫好きの子どもが，昆虫の採集や採集した昆虫の飼育に夢中になっている状況などがあてはまります。

一方，外発的動機づけは，ある行動をなすことは「手段」であり，その行動を達成することによって得られる「目的」が別にある状態をいいます。こちらも例をあげると，数学が嫌いでもあこがれの高校に入学したいという強い思いがあるため，いやいやながら数学の勉強をするのは，外発的に動機づけられた状態といえます。数学の勉強は，あこがれの高校に入学するための「手段」であり，その高校に入学することが「目的」になっています。つまり，動機づけられている行動が「目的」の場合を内発的動機づけ，「手段」の場合を外発的動機づけといいます。

これまで教育の分野では，子どもが内発的動機づけによって学習することをとても大事にしてきました。私もそれは大事であると思います。しかし，内発的動機づけですべての学習がカバーできるわけではありません。

中学生になると，将来や人生の目標（たとえば，あこがれの高校に入学することや教師になることなど）をもちはじめます。そして，その達成に向けて学習を展開するようになります。この状態は明らかに外発的に動機づけられた状態ですが，他者にコントロールされた状態ではなく，目標達成のために「自律的」に学習している状態といえます。私はこのように自分で選択した外発的動機づけは，内発的動機づけと同様に大事なものであると考えています。

さらに，新しいことや未知のことを学習する際には，ときに報酬（ご褒美）をめあてにすることもあります。報酬のためとはいえ，新しいことや未知のことを学習するきっかけになるというのであれば，それはそれで意義があるのではないでしょうか。こうした場合の外発的動機づけはあってもよいと，考えます。自律性をともなった外発的動機づけについては，後に紹介する自己決定理論（そのなかの有機的統合理論，p.44 以降）で詳しく紹介します。

ところで，内発的動機づけとよく似た状態を表現する用語として，フロー（flow）と興味（interest）があります。

フローについては，チクセントミハイ（Csikszentmihalyi, 1990 今村訳 1996; Csikszentmihalyi, 1997 大森訳 2010）が，「自然に気分が集中し，努力感をともなわずに活動に没頭している状態」と定義しています。内発的に動機づけられた状態を主観的な体験として表現すれば，そうなるでしょう。

一方，興味（interest）は，「ある特定の対象に注意を向け，それに対して積極的にかかわろうとする心理状態」です。内発的動機づけの一部は，この興味に依拠するものと思われます。そして興味は，状態レベルの「状態興味（psychological state of interest）」と特性レベル（個人差）の「特性興味（individual interest）」に分けられます（鹿毛，2013 などを参照してください）。

3）自律的動機づけと被統制的動機づけ

自律的動機づけ（autonomous motivation）と被統制的動機づけ（controlled motivation）は対にして用いられます。

自律的動機づけは，ある行動を自己決定のうえでしている場合の動機づけ状態です。さらにいえば，いやいやながら自己決定する（させられる）のではなく，好んで自己決定して行動している場合であり，それを英語で表現するならば（私の恩師のデシ先生の言葉でいえば），「be willing to decide to do ... 」という状態です。そして，さらにかっこよくいえば，自らの意思で自らの行動をコントロールしている状態です。

一方，被統制的動機づけは，他者や外部の力によって自分がコントロールされて行動している状態を指します。被統制的動機づけは，英語の controlled motivation を直訳したような用語なので，私は「他律的動機づけ」と表現したほうがわかりやすくてよいと考え，こちらの用語を使うようにしています。

なお，内発的動機づけは，成長（発達）すれば自律的動機づけの側面が強くなります。しかし幼児や児童では，自分から好んで自発的に行動する（自ら学ぶ）ものの，自律的動機づけの重要な要素である自分で「意識的に」コントロールするという側面は，まだ発達していないか，脆弱であるように思えます。

もちろん外発的動機づけは基本的に他律的動機づけですが，前項で紹介した通り，その一部は自律的動機づけといえます。

また，本書には「自ら学ぶ意欲」という用語も登場します。おもに私の研究を紹介する際に使います。学習意欲のうちで，自ら学ぼうとうする，すなわち自発的に学ぼうとする意欲を総称してこの用語を使います。自ら学ぶ意欲のなかには，内発的動機づけ，達成動機づけ，向社会的動機づけ（後述）と自己実現の欲求に基づく自己実現への動機づけ（先に紹介した通り，外発的動機づけの一部で自律的動機づけです）の要素が含まれます。

中学生以上を対象とした場合には，自ら学ぶ意欲よりも「自律的な学習意欲」と表現したほうがよかったのですが，自律的であるには少し早い時期の小学生も対象としたかったため「自ら学ぶ意欲」という用語を使いました。

さて，最後に一点，自律（autonomy）と自立（independence）の違いに焦点をあててみます。この二つは概念上明らかに異なる用語です（たとえば，Ryan & Deci, 2006 参照）。

自律は自己決定すること，さらにいえば好んで自己決定することです。デシ先生は autonomy より self-determination という単語のほうをよく使いましたが，それは「自己決定」を強調したかったからだと思います。自分で決定すれば，他者に援助を求めることも自律です。自分の力ではいかんともしがたいときには，自分から積極的に援助を求めること，これを「自律的援助要請」といいますが，とても大事なことです。

一方，自立とは独立と同じ（英単語としてはどちらも independence）で，一人で何でもすること，できることです。それゆえ，基本的に他者に援助を求めることは自立とはいえません。心理学のテキストでは，身辺自立，精神的自立，経済的自立と大人になっていくために必要な自立があげられていますが，これも程度の問題だと思います。完璧に自立できる人は，いないのではないでしょうか。

現在，完璧な自立ではなく「相互依存的な自立」という考え方が，提唱されています。大人になってもひとりでできないことはいくらでもあります。そうしたときには，自律的に援助を申し出て他者に援助してもらい，やがてできないことができるようになれば，それでよしとする考え方です。もちろん，助けてもらうだけではなく，あなたができることであれば他者を助けることも重要です。助け合いは，自立でも必要なのです。

4）接近動機づけと回避動機づけ

接近動機づけ（approach motivation）と回避動機づけ（avoidance motivation）も対にして使います。

レヴィン（Lewin, 1935）やエリオット（Elliot, 2006）によると，接近動機づけとは，ポジティブな刺激（対象，出来事，可能性）が原因となって，そうした刺激に向かっていく方向で行動が起こる状態を指します。一方，回避動機づけは，ネガティブな刺激（対象，出来事，可能性）が原因となって，そうした刺激から遠ざかる方向で行動が起こる状態を指します。

たとえば，グループ内でプレゼンテーションの発表者を選ぶことになったとしましょう。あるメンバーは自分の有能さを証明するよい機会だと考えて，発表者になろうと（接近動機づけが生じて）自分を積極的にアピールするかもしれませんが，また別のメンバーは恥をかくのではないかと心配になり，発表者にはなりたくないと（回避動機づけが生じて）自分を卑下するかもしれません。

5）向社会的動機づけと利己的動機づけ

人と人あるいは集団（社会）との関係で生じる動機づけは，社会的動機づけ（social motivation）といいます。ここではそのなかから，向社会的動機づけ（prosocial motivation）あるいは利他的動機づけ（altruistic motivation），利己的動機づけ（egoistic motivation），反社会的動機づけ（antisocial motivation）について説明します。櫻井（2020）も参考にしてください。

まず，向社会的動機づけあるいは利他的動機づけですが，これは他者や社会の役に立ちたいあるいは他者や社会のためになることをしたいという動機づけです。心理学ではこれまで向社会的動機づけを使うことが多かったのですが，最近は生物学や進化学等の影響を受けて，利他的動機づけを使うことも増えました。

そしてその行動についてですが，向社会的行動（prosocial behavior）は他者や社会のためになりたいという動機から生じた行動を指します。一方，生物学や進化学における利他行動（altruistic behavior）は，そうした動機がなくても結果的に他者や社会のためになれば利他行動といいます。向社会的行動はその動機を，利他行動はその結果を重視した用語であることに留意してください。

それでは例をあげて説明しましょう。最初は後者の利他行動の例からです。

血を流して倒れている人を発見し，その状況に一瞬で気持ちが悪くなったとしましょう。そして，おそらくは自分の気持ちの悪さを解消するために助けを呼んだとしたら，その行動は動機から判断すれば向社会的行動ではなく，この後で述べる「利己的行動」となります。しかし結果から判断すれば，どうでしょうか。血を流して倒れている人を助けることになったとしたら，その行動は利他行動ということができるでしょう。

一方，向社会的行動についても同様にややこしい点があります。それは，動機は向社会的でも，結果が他者や社会のためにならないことがあるからです。例をあげてみましょう。

転んでいる幼児を発見し，かわいそうだと思いすぐさま抱き起こしたとしましょう。抱き起こした本人にすれば，それは向社会的行動ですが，幼児のそばにいた母親あるいは幼児自身にすれば，助けられたとは思わないかもしれません。たとえば，そのとき幼児は歩く練習をしていたとしたらどうでしょう。母親も幼児も，幼児（自分）が自力で立ち上がることを望ましいと考えていることが予想されます。このような場合には，抱き起こした行動は余計なことであり，利己行動ととらえられるでしょう。

二つの例からもわかるように，行動の動機と行動の結果の関係は複雑です。社会的動機づけに基づく行動は，行動する自分だけでなく，行動の対象となる相手や相手集団の心理にも配慮しなければ，その影響を的確にとらえることが難しいのです。

つぎに，利己的動機づけと反社会的動機づけについて説明します。

利己的動機づけとは，他者や社会のためよりも自分のためになることをしたいという動機づけです。反社会的動機づけは，他者や社会への怒りの感情から生じ，怒りの対象である他者や集団を攻撃し，害しようとする動機づけです。そして「自分のために」他者や集団を害しようという反社会的動機づけは，利己的動機づけの極端な形ともとらえることができます。

利己的動機づけに関係する行動についてみると，利己的行動（egoistic behavior：心理学分野）は他者や集団のためよりも自分のためになることをしたいという動機に基づく行動ですが，利己行動（egoistic behavior：生物学や進化学の分野：日本語の訳し方を意図的に変えています）というと，結果的に他者や社会よりも自分のためになった行動を指します。反社会的行動（antisocial behavior）とは，他者や集団を害しようとする意図をもってなされる行動ととらえてよいでしょう。反社会行動という用語はみあたりませんので，ここではふれません。

なお，向社会的行動とか利己的行動という場合の「的」という漢字は，「～をめざす」という意味として理解してもらうとわかりやすいと思います。

6）自動動機

これまでは動機が「意識的」に設定されていることを前提にして，いくつかの動機づけについて説明してきました。すなわち，たとえば「何々を成し遂げよう！」と意識的に目標を設定し，その目標を達成するために意識的に行動を起こすという動機づけのプロセスを前提にしていました。動機づけ研究では，一般的な前提といえるでしょう。

ところが，1990 年代よりバージ（Bargh, J. A.）を中心に，動機の喚起や目標の設定が「自動的（非意識的）」になされるという自動動機理論（theory of auto-motives）が展開されるようになりました。この理論では，人が外部から刺激を受けると，その刺激に関連する目標が自動的（非意識的）に活性化され，その目標に向かって自動的（非意識的）に動機づけられて，そしてその後の行動や認知にも影響を及ぼすと考えられています。

バージらの典型的な実験（Bargh et al., 2001）を紹介しましょう。実験参加者は二つのグループに分けられ，先行課題として乱文構成課題を行いました。この課題では，たとえば「成功する／彼は／仕事に／いつも」のように，いくつかの文の要素が無作為に並べられており，それらを並べ替えてきちんとした文にすることが課題でした。

一つのグループには「成功」「競争」「勝利」「達成」といったような達成（モチベーション）と関連する語を含む課題が，もう一方のグループには「牧場」「じゅうたん」「シャンプー」「川」といったような中性的な（モチベーションと関係のない）語を含む課題が与えられました。その後，いずれのグループにもパズル解き課題が課されました。その結果，前者の達成関連語を含む乱文構成課題を行ったグループは，後者の中性的な語を含む乱文構成課題を行ったグループよりも，明らかに成績がよかったのです。もちろん，実験参加者は先行課題で使われた単語の意味に影響されているとは気づいていませんでした。

達成関連語にふれたグループは単語の意味に非意識的に動機づけられ，その後のパズル解き課題において，そうでないグループよりもより積極的になったものと理解することができるでしょう。読者のみなさんも，よく思いめぐらしてみるとこれに類する経験はあるのではないでしょうか。

■引用文献

Bandura, A. (1977). Self-efficacy: Toward a unifying theory of behavioral change. *Psychological Review, 84,* 191-215.

Bandura, A. (1986). *Social foundations of thought and action: A social cognitive theory.* Prentice-Hall.

Bandura, A. (1997). *Self-efficacy: The exercise of control.* Freeman.

Bargh, J. A., Gollwitzer, P. M., Lee-Chai, A., Barndollar, K., & Trötschel, R. (2001). The automated will: Nonconscious activation and pursuit of behavioral goals. *Journal of Personality and Social Psychology, 81,* 1014-1027.

Berlyne, D. E. (1971). What next? Concluding summary. In H. I. Day, D. E. Berlyne, & D. E. Hunt (Eds.), *Intrinsic motivation: A new direction in education* (pp.186-196). Holt,

Reinhart, & Winston of Canada.

Csikszentmihalyi, M. (1990). *Flow: The psychology of optimal experience.* Harper & Row.（今村浩明（訳）(1996). フロー体験——喜びの現象学　世界思想社）

Csikszentmihalyi, M. (1997). *Finding flow.* Basic Books. 大森　弘（訳）(2010). フロー体験入門　世界思想社

Elliot, A. J. (2006). The hierarchical model of approach-avoidance motivation. *Motivation and Emotion, 30,* 111-116.

Harackiewicz, J. M., & Sansone, C. (2000). Rewarding competence: The importance of goals in the study of intrinsic motivation. In C. Sansone & J. M. Harackiewicz (Eds.), *Intrinsic and extrinsic motivation* (pp.79-103). Academic Press.

波多野誼余夫・稲垣佳世子（1973）. 知的好奇心　中公新書

Hunt, J. M. (1965). Intrinsic motivation and its role in psychological development. In D. Levine (Ed.), *Nebraska Symposium on Motivation* (Vol.13, pp.189-282). University of Nebraska Press.

鹿毛雅治（2013）. 学習意欲の理論——動機づけの教育心理学　金子書房

鹿毛雅治（2022）. モチベーションの心理学——「やる気」と「意欲」のメカニズム　中公新書

黒田祐二（2023）. 感情と動機づけの発達　櫻井茂男（編集）改訂版 たのしく学べる最新発達心理学——乳幼児から中学生までの心と体の育ち（pp.101-121）　図書文化社

Lewin, K. (1935). *A dynamic theory of personality.* McGraw-Hill.（レビン，K. 相良守次・小川　隆（訳）(1957). パーソナリティの力学説　岩波書店）

Maslow, A. H. (1954). *Motivation and personality.* Harper.（小口忠彦（監訳）(1971). 人間性の心理学　産業能率短期大学出版部）

Ryan, R. M., & Deci, E. L. (2006). Self-regulation and the problem of human autonomy: Dose psychology need choice, self-determination, and will? *Journal of Personality, 74,* 1557-1586.

桜井茂男（2006）. 感情と動機づけ　桜井茂男（編集）はじめて学ぶ乳幼児の心理——こころの育ちと発達の支援（pp.117-131）　有斐閣

櫻井茂男（2017）. 自律的な学習意欲の心理学——自ら学ぶことは，こんなに素晴らしい　誠信書房

櫻井茂男（2020）. 思いやりの力——共感と心の健康　新曜社

櫻井茂男・葉山大地・鈴木高志・倉住友恵・萩原俊彦・鈴木みゆき・大内晶子・及川千都子（2011）. 他者のポジティブ感情への共感的感情反応と向社会的行動，攻撃行動との関係　心理学研究，*82,* 123-131.

植村みゆき・萩原俊彦・及川千都子・大内晶子・葉山大地・鈴木高志・倉住友恵・櫻井茂男（2008）. 共感性と向社会的行動との関連の検討——共感性プロセス尺度を用いて　筑波大学心理学研究，*36,* 49-56.

Part 2

学習や仕事の達成レベルに関する理論

達成の視点から動機づけを研究する

Part 2 から Part 6 では，動機づけの理論を，鹿毛（2013），櫻井（2017, 2019a, 2020, 2021），上淵・大芦（2019）などを参考にして，達成の視点，自律の視点，学び方の視点，他者とのかかわりの視点，心身の健康の視点といった五つの視点から紹介します。各理論は具体例とともにやさしく解説しますので，しっかり理解してください。

まず Part 2 では，学習課題や仕事を優れた水準で達成しようとする動機づけについて，①達成動機づけ理論，②期待×価値理論，③達成目標理論という三つの理論を紹介します。このなかで，①の達成動機づけ理論がもっとも古典的な理論といえます。②の期待×価値理論には，期待のみ，価値のみを取り上げた理論も含まれています。具体的にいえば，価値を取り上げた「エックルズの価値づけ理論」，期待を取り上げた「バンデューラの自己効力感理論」，両者を取り上げた「ワイナーの原因帰属を導入した達成動機づけ理論」です。③の達成目標理論は，比較的新しい理論です。

第 1 節　達成動機づけ理論
——達成をめざす動機づけの古典的研究

達成欲求（Part 1 の表 1-1 参照）をもとに達成動機づけ理論（achievement motivation theory）を構築したのは，マックレランド（McClelland, D. C.）とアトキンソン（Atkinson, J. W.）という心理学者です。アトキンソンは，表 2-1 のような定式化によって達成動機づけを理論化しました（Atkinson, 1964）。

成功達成傾向とは，成功を求める心理的な傾向性，失敗回避傾向は失敗を避けようとする心理的な傾向性です。前者の成功達成傾向が強ければ達成行動が生

表 2-1　達成動機づけの定式化（鹿毛，2013 をもとに作成）

■達成動機づけ＝成功達成傾向＋失敗回避傾向 ◇成功達成傾向＝達成動機（達成欲求のこと）×成功の期待×誘意性（価値のことで実際には快感情：たとえば，うれしさや誇らしさ） ◇失敗回避傾向＝失敗回避動機（成功恐怖）×失敗の予期×失敗に対する負の誘意性（価値のことで実際には不快感情：たとえば，恥やきまり悪さ）

注）失敗回避傾向はつねにマイナスの値をとる。

じ，後者の失敗回避傾向が強ければ達成状況を避けようとすると仮定されます。また，達成動機とは，ここでは成功願望を意味し，達成欲求のことです。一方，失敗回避動機とは，失敗恐怖という失敗を避けようとする欲求のことです。そして期待あるいは予期（失敗事態では予期を使います）とは，成功あるいは失敗が生じる主観的な可能性であり，誘意性（valence or incentive value：誘因としての価値）とは，ここでは感情のことで，成功の場合は快感情（うれしさや誇らしさなど），失敗の場合は不快感情（恥やきまりの悪さなど）を意味します。

さて，この理論でユニークなのは「誘意性＝ 1 －成功の期待」と「失敗に対する負の誘意性＝－成功の期待」と仮定した点です。

前者は，成功の可能性が低いと見積もられた課題であればあるほど，誘意性，すなわちその課題に成功することにともなう価値は高く，反対に成功の可能性が高いと見積もられた課題であればあるほど，誘意性が低くなることを意味します。すなわち，一般に課題がやさしいときよりも難しいときのほうが，その課題を成功したときに感じる快の感情（うれしさや誇らしさなど）は強まるということです。後者については，一般に難しい課題よりもやさしい課題で失敗したときのほうが，恥やきまりの悪さといった感情を強く感じるということです。

さらに「成功の期待＋失敗の予期＝ 1」も仮定します。たとえば，成功の可能性が 70%（0.7）と考えた場合には，当然失敗の可能性は 30%（0.3）になります。

以上のような仮定のもとに計算をすると，達成動機（達成欲求）の強さが同じであれば，成功達成傾向は成功の期待が 50%（成功失敗の確立が五分五分）の課題に対してもっとも強くなります。さらに，達成欲求が高い人ほど，成功の期待が 50% の課題への成功達成傾向がもっとも強くなります。

一方，失敗回避傾向については，これとは反対の結果になります。すなわち，失敗回避動機の強さが同じであれば，成功の期待が 50% のときに失敗回避傾向がもっとも強くなり，さらに失敗回避動機が高い人ほど成功の期待が50%のときに失敗回避傾向がもっとも強くなるのです。

そして，達成動機と失敗回避動機の強さの違いに着目した計算によると，達成動機づけはその差（達成動機＞失敗回避動機）が大きいほど強くなり，成功の期待が50%のときに最大となります。また，その反対の差（達成動機＜失敗回避動機）が大きいほど負の達成動機づけが強くなり，成功の期待が50%のときに最大となります。前者の場合は達成行動が起こりやすく，後者の場合は達成行動を避けたり抑制したりしやすいということです。後者のような事態を起こさないためには，達成動機を高めることが必要であり，それには信頼できる他者からの応援や激励，報酬などが効果的であると考えられます。

なお，私はどちらかといえば心配性なので，上記のような成功の期待が50%のときよりも60%くらいのときのほうが安心して達成行動ができるように思えますが，みなさんはどうでしょうか。本理論では，このようなパーソナリティなどの個人差要因（達成動機［達成欲求］を除く）が考慮されていないため，こうした要因を加えて予測することは必要かもしれません。

私が手掛けた「完璧主義（perfectionism：完全主義ともいいます）」の研究（たとえば，櫻井，2019b）によると，すべてのことあるいは多くのことに完璧を求めすぎる完璧主義者は，目標を達成することがほぼ不可能となり，無気力などの精神的不健康に陥りやすいことが明らかになっています。理想は理想として，現実をしっかり見据えて適切な目標を立てることが大事です。

アトキンソンの達成動機づけ理論は，その後の動機づけ研究に大きな影響を与えました。この理論の特徴は，①達成動機（達成欲求）を基本においていること，そのうえで②期待×価値理論の考え方を採用し，期待×価値理論の先駆けとなっていることがあげられます。

第2節　期待×価値理論
――価値と期待で意欲が変わるという研究

期待×価値理論（expectancy-value theory）とは，目標が達成される主観的な見込み（期待）と目標の達成によってもたらされる主観的な望ましさや魅力（価値）によって動機づけを説明しようとするいくつかの理論の総称です。

ここでは，価値を取り上げたエックルズの価値づけ理論（Eccles, 2005），期待を取り上げたバンデューラの自己効力感理論（Bandura, 1977, 1986, 1997），そしてまさに期待×価値理論の典型といえるワイナーの原因帰属を導入した達成動機づけ理論（Weiner, 1972, 1979, 1985a, 1985b）を紹介します。

(1) エックルズの価値づけ理論

学習することが「自分にとって大切で意味がある」と思えるならば，すなわち学習に価値づけができるならば，学習しようという気持ちになります。これは仕事についてもいえるでしょう。

表 2-2 で示したように，エックルズ（Eccles, J. S.）は，学習に対する価値として，①達成価値，②内発的価値，③利用価値，④コストをあげました（Eccles, 2005）。①の達成価値は達成動機づけ，②の内発的価値は内発的動機づけ，そして③のなかでも将来の目標達成にどの程度役立つかという利用価値は，自己実現への学習意欲（Part 3 第 2 節参照）というようにそれぞれの意欲のみなもとになる価値であるといえます。日々の学習行動に対して，①～③のようなポジティブな価値づけを行えるならば，安定した意欲が湧いてきます。

一方，④のようなコスト（負担や労力）によってネガティブな価値づけを行うならば，学習することは負担である，学習には時間がかかるなどの判断から，残念ですが意欲はなかなか湧いてこないでしょう。

表 2-2　価値づけの種類（Eccles, 2005 をもとに作成；黒田，2012, p.77）

達成価値――課題をうまく解決することが自分にとってどれくらい重要か
例）数学でよい点をとることや数学が得意であることは自分にとって重要である。

内発的価値―課題をすることがどのくらい楽しいと感じられるか
例）数学の勉強をすることは楽しい。

利用価値――課題をすることが，現在の生活や将来の目標の達成にとってどのくらい役立つか
例）数学の勉強をすることが日常生活に役立つ，将来理系の大学に進むために必要である。

コスト―――課題をするためにどのくらいのコスト（負担や労力）がかかるか
例）数学は難しく，理解するのに時間がかかる。
例）一生懸命がんばればよい成績がとれるが，一生懸命がんばることが負担である。

なお，エックルズの価値理論は価値のみを扱っているため仕方がないのですが，学習することは重要で楽しく将来に役立つと思えても（価値を自覚しても），学習がうまく進められない，うまくできそうにないと思ってしまえば（行動を推進する力がないとすれば），行動が始発されません。それゆえ，価値づけだけではなく「自分にもできそうだ」「自分でもやれば（努力すれば）できる」というような期待（自己効力感）をもつことが重要です。

(2) バンデューラの自己効力感理論

一般に，ある行動によって望ましい結果が得られそうだというポジティブな期待（結果に対する期待なので，結果期待［outcome expectancy］といいます）が生まれれば，その行動は始発され持続される可能性が高まるでしょう。たとえば，この課題を成し遂げればよい成績がもらえそうだと思えるならば，課題を成し遂げるための学習行動が始発され持続されると予想されます。

ただし，このように結果期待が高い場合でも，当該の学習行動がうまく遂行できるという期待（行動が遂行できるという期待のことで，効力期待［efficacy expectancy］といいます）が高くなければ，学習行動は始発されたとしても最後まで持続されるとはかぎりません。その結果，望ましい成果は得られないかもしれません。こうした点からいえば，効力期待のほうが結果期待よりも行動の達成に及ぼす影響は大きいように思われます。

以上をまとめると，ある行動が遂行できるという見通しが効力期待，その行動が達成されるならばある結果が得られるという見通しが結果期待です。このことを図で示すと図 2-1 のようになります。

理解を深めるために，この図にそって例をあげましょう。A君（図 2-1 の“人”に相当します。以下，括弧内は同様です）は，運動会のかけっこで一等賞をとる（結果）ために，毎朝お父さんと走る練習をする（行動）ことにしまし

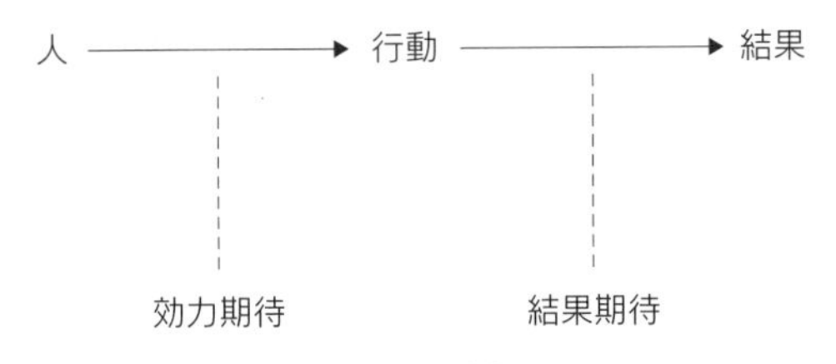

図 2-1　効力期待と結果期待の関係（Bandura, 1977 をもとに作成）

た。この場合の効力期待は，お父さんと一緒に毎朝走る練習ができるだろうという見通しになります。結果期待は，毎朝お父さんと一緒に走る練習をすれば，運動会のかけっこでは一等賞がとれるだろう，という見通しになります。

バンデューラ（Bandura, A.）は，このように期待には結果期待と効力期待があることを見出し，これらの期待が行動の遂行や目標の達成に重要であることを理論化しました（Bandura, 1977）。なお，効力期待は「自分はある行動を遂行することができるだろう」という一種の自信（効力感）であり，その後は自己効力感（self-efficacy）と呼ばれることが多くなり，研究も活性化しました。

自己効力感の研究は，当初ヘビ恐怖の治療といった臨床研究からはじまり，その後，場面に限定されない安定した特性としての自己効力感へと拡大されて進化しました。

ところで，有能感とは「自分は～ができる」という認知であるとすでに説明しましたが（Part 1参照），自己効力感は有能感の積み重ねにより形成されます。Bandura（1997）は，自己効力感がつぎの四つの要因によって高められることを示しました。

ひとつは，直接的な成功経験であり，その根底には成功に基づく有能感が存在します。そのほかに，たとえば「友達が成功するのを見て自分もできそうだと思えた」という代理的な成功経験，さらに「信頼している教師に“君ならできる”と説得されて自分もそう思えるようになった」ということばによる説得，そして「朝からよいことが続き気持ちが高揚していて，これもやればできるようになると思えた」という情緒的な覚醒も，自己効力感を高めるとしました。

自己効力感理論では，動機のもう一つの要素である目標には，ほとんど言及されていません。当初の臨床場面での研究では治療目標が決定済みであることが多かったため，言及の必要がなかったのかもしれません。ただ，この理論を一般的な学習や仕事場面に適用するには，各自が自分で目標を設定すること（自律的な目標設定）も自己効力感の高揚とともに重要な要因になるでしょう。

(3) ワイナーの原因帰属を導入した達成動機づけ理論

アトキンソンらと同様に，達成動機づけについて研究をしたワイナー（Weiner, B.）は原因帰属理論（causal attribution theory）を導入し，輝かしい成果（Weiner, 1972, 1979, 1985a, 1985b）をあげました。原因帰属にかかわる動機づけのプロセスは，図 2-2 に示すことができます。これは期待と価値に基づく「期待×価値理論」の典型例といえます。

図 2-2 の中には示されていませんが，達成動機の形成によって学習や仕事に関する達成行動がスタートします。推進力が強ければその行動は持続され，目標が達成されれば成功，達成されなければ失敗となります。成功・失敗が自分にとって重要であれば，たとえば，それが期末試験の結果で，通知表の重要な資料になるような場合，その原因を探求しようとします。私たちはどうして成功したのか，あるいはどうして失敗したのかとその原因を求めます。原因を求める（何かに帰属する）ことを原因帰属（causal attribution）といいます。

そしてワイナー（Weiner, 1972）は，成功・失敗についての原因帰属がその後の感情（価値）と期待に影響し，さらに行動にも影響することを理論化しました。

たとえば，成功した原因を「頭がよい（能力や才能がある）から」と，自分の内側にある（内在的な）安定した（安定的な）要因に帰属すると，結果に依存した感情としてうれしさや喜びを感じるとともに，原因帰属に依存した感情として有能感や誇りといった自己肯定的な感情（価値）が生まれ，他方ではつぎもうまくいくであろうという期待が高まります。

失敗した原因を「運が悪かったから」と，自分の外側にある（外在的な）変動する（変動的な）要因に帰属すると，結果に依存した感情として落胆や悲しみは生まれますが，原因帰属に依存した感情としての無能感や自責の念などの自己否定的な感情（価値）は生まれにくく，さらにつぎもうまくいかないであろうという負の期待（負の期待の場合は期待の代わりに予期という用語を使うことが多いです）もそれほど高まりません。なぜならば「運が悪かった」とそのときは諦めますが，つぎはうまくいくだろうと考えることができるからです。

このように，成功という結果に依存した成功感情（たとえば，うれしさや喜

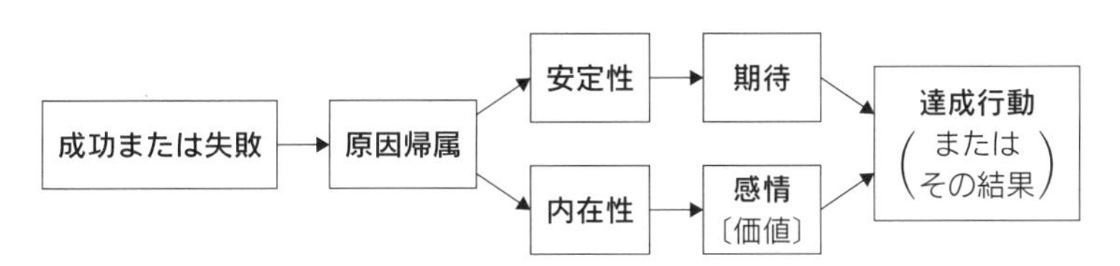

図 2-2　ワイナーによる達成動機づけに関する原因帰属理論の流れ
(Weiner, 1972 を改変；櫻井，2009, p.141)

び）や失敗という結果に依存した失敗感情（たとえば，落胆や憂鬱，悲しみ）のほかに，原因帰属に依存した感情や期待によってのちの行動が大きく左右されることが見出されました。

一般に，成功は能力や普段の努力（いずれも内在的で安定的な要因）に，失敗は運（外在的で変動的な要因）や一時的な努力不足（内在的であるが変動的な要因）に帰属することで，後の達成行動や結果にプラスに影響すると考えられます。

ワイナー流の原因帰属では，その原因を内在性（自分の内側にあるか，外側にあるか）と安定性（安定か，変動か）の次元のほか，統制可能性（統制可能か，統制不可能か）の次元によって整理します。期待×価値の枠組みで使用されるのは，このうちの内在性と安定性の次元です。

なお，後に紹介する改訂学習性無力感理論（Part 6 参照）で取り上げられる原因帰属は，ワイナー流の原因帰属を基本にしていますが，次元の構成が異なります。内在性と安定性のほかには，三番目の次元として全体性（その原因がどのような事態にも関係するか，それとも特定の事態にしか関係しないか）を設定しています。このほうが無力感や絶望感の形成を原因帰属によってうまく説明できるからです。

第 3 節　達成目標理論
——目標のもち方で適応が変わるという研究

達成目標理論（achievement goal theory）では，人間を「有能さを求める存在」ととらえます。そして，有能さを実現したり証明したりするために設定する目標群，そして少々いやな表現になりますが，無能さを露呈しないようにうまく隠蔽し有能であるかのように装うための目標群も含め，何種類かの達成目標（achievement goal）がその後の態度，感情，行動，適応などに影響すると考えます。当初は学習関連の達成目標が研究の中心でしたが，現在では対人関係の達成目標についても研究が進められています。

なお，この理論は目標を中心にして動機づけをとらえる理論といえます。

達成目標研究の詳しい流れは，櫻井（2009）などに譲り，ここでは代表的な理論を二つ紹介します。

(1) ドウェックらの達成目標理論

最初に取り上げるのはドウェック（Dweck, C. S.）らによる達成目標理論です。おもに櫻井（2021）を参考にして紹介します。

わが国でも『マインドセット』（Dweck, 2006）の著者として有名になられたドウェック先生は，とてもチャーミングな人でした。今から35年ほど前，私がアメリカ・ニューヨーク州のロチェスター大学で研究生活をしていたとき，恩師のデシ（Deci, E. L.）先生から研究仲間として紹介され，素敵な講演を拝聴した覚えがあります。

彼女らは1970年代，子どもを対象とした学習性無力感（Part 6参照）の研究をしていて，課題失敗後に容易に学習性無力感に陥ってしまう「無力感型」の子どもと，課題失敗後も課題に対する粘り強さを失わない「熟達志向型」の子どもがいることに気づき，その原因が何であるかを検討しました（たとえば，Diener & Dweck, 1978, 1980）。

その結果，熟達志向型の子どもは，失敗に直面したとき，それを単なる失敗ととらえるよりも自分の遂行を改善する手がかりととらえることが多く，さらに自分の課題へのかかわり方をモニターし，その結果に基づいて自己教示することも多いことがわかりました。

一方，無力感型の子どもは，課題に成功している間は熟達志向型の子どもと同様に問題がないのですが，ひとたび課題に失敗すると否定的な感情や失敗の能力（不足）への帰属が多く，将来への成功期待が低いことがわかりました。

このような結果から，彼女らは熟達志向型の子どもと無力感型の子どもの違いは，異なる達成目標をもつからではないかと考えました。

図2-3をご覧ください。熟達志向型の子どもがもつ達成目標とは，熟達目標（mastery goal）です。これは自分の有能さを増大させるために「新しいことを習得して能力を伸ばしていこうという目標」です。一方，無力感型の子どもがもつ達成目標は遂行目標（performance goal）です。これは自分の有能さを増大させるために「他者から自分の能力が高いことを評価してもらおう（あるいは，他者から少なくとも自分の能力が低くないと評価してもらおう）という目標」です。

熟達目標と遂行目標をいくつかの観点から比較したものを表2-3に示しまし

た。この表も参考にしながらお読みください。

遂行目標をもつ子どもは上述の通り，失敗の原因を能力（固定的な能力）不足に帰属しやすいため，無力感や絶望感が生じて無気力になりやすいと考えられます。

さらに，図 2-3 に示されているように，自分の現在の能力に自信がある場合とない場合に分け，達成目標が異なる行動パターンをとること（自分の現在の能力に自信のある子どもは失敗をしませんので，たとえ遂行目標をもっていても熟達志向型でいられます）や，能力観（多くは知的な能力観）によって子どもがもつ達成目標が異なることも追加して，達成目標に関する独自のモデルを構築しました。

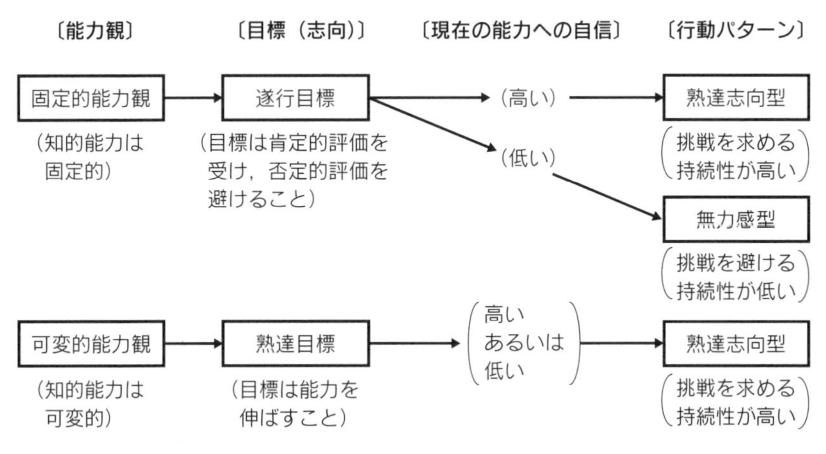

図 2-3　ドウェックの達成目標理論（Dweck, 1986 を改変；櫻井，2021, p.61）

表 2-3　クラス環境の達成目標分析（Ames & Archer, 1988；櫻井，2021, p.62）

次　元	熟達目標	遂行目標
成功の定義は，	進歩や上達	よい成績や高いレベルの遂行
価値を置くのは，	努力や学習	高い能力
満足する理由は，	一生懸命や挑戦	他人よりも優ること
教師が求めるのは，	子どもがどのように勉強するか	どれくらいできるか
誤りの見方は，	学習の一部	不安を引き起こすもの
注目するのは，	学習の過程	他人と比較した自分の成績
努力する理由は，	新しいことを学ぶ	他人よりもよい成績を修める
評価（の基準）は，	絶対評価や到達度評価	相対評価

後者の能力観は二つあります。ひとつは知的な能力は固定的で努力によっても変わらないと考える「固定的能力観」，もうひとつは知的な能力は努力によって変わる（増大する）と考える「可変的能力観」です。

固定的能力観をもつ子どもは，能力が固定的であると考え，自分の能力を他者が高く評価するあるいは低く評価しないようにするために，達成目標としては遂行目標をもつことが予測されます。一方，可変的能力観をもつ子どもは，能力は可変的で努力して伸ばすことができると考え，努力して新しいことを習得していこうとするために，達成目標としては熟達目標をもつことが予測されるのです。チャーミングなドウェック先生はとてもスマートなモデルを提唱したのです。

このモデルは子どもにばかりでなく大人にも検討されたのですが，かなり有力なモデルとされ，その後の達成目標研究に大きな影響を与えました。

(2) エリオットらの達成目標理論

達成目標に関するドウェックやニコルス（Nicholls, J. G.）らの研究，さらにエイムズら（Ames, C., & Ames, R.）の研究は，アメリカ・ロチェスター大学のエリオット（Elliot, A. J.）らの研究に引き継がれました（詳しくは櫻井，2009

表 2-4　エリオットによる達成目標の分類（櫻井，2009, p.127）

有能さの定義*（definition）	**有能さの値**（valence）	
	正（成功接近）	負（失敗回避）
個人内・絶対（評価）	・課題の熟達，学習，理解に着目 ・自己の成長，進歩の基準や，課題の深い理解の基準を使用 **【熟達接近目標（従来の熟達目標）】**	・誤った理解を避け，学習しなかったり，課題に熟達しなかったりすることを避ける ・課題に対して正確にできなかったかどうか，よくない状態ではないかという基準を使用 **【熟達回避目標】**
相対（評価）	・他者を優越したり打ち負かすこと，賢くあること，他者と比べて課題がよくできることに着目 ・クラスで一番の成績をとるといった，相対的な基準の使用 **【遂行接近目標】**	・劣等であることを避けたり，他者と比べて愚かだったり頭が悪いと見られないことに注目 ・最低の成績をとったり，教室で一番できないことがないように，相対的な基準を使用 **【遂行回避目標】**

注）＊は「評価基準」を意味する。

などを参照)。

エリオットは当初(Elliot, 1997, 1999),二つの軸によって四種類の達成目標を考えました。表2-4をご覧ください。

軸のひとつ(有能さの値:valence)は,成功への接近か,失敗の回避かという有能さ(無能でないこと)を示す方法の軸であり,もうひとつの軸(有能さの定義:definition)は,個人内評価あるいは絶対評価か,相対評価か,という評価の基準の軸です。ここでいう相対評価には,いわゆる相対評価のほかに,達成目標研究の初期の概念化により他者から肯定的な評価を得ること,あるいは否定的な評価を避けることも含みます。この組み合わせによって,表2-4に示されたような,①熟達接近目標,②熟達回避目標,③遂行接近目標,④遂行回避目標が設定されました。ドウェックらの達成目標理論と比較すると,二つの軸によって整理され,②の熟達回避目標が増えたといえます。

各目標の具体的な内容としては,①では「以前の自分よりもよくできるようになりたい(個人内評価)」「設定した目標をクリアしたい(絶対評価)」,②では「以前の自分よりもできないことを避けるようにしたい(個人内評価)」「設定した目標がクリアできないことを避けるようにしたい(絶対評価)」,③では「他者と比べてできるようになりたい(相対評価)」「他者からできる人と見られるようにしたい(他者の肯定的な評価を得る)」,④では「他者と比べてできないことを避けるようにしたい(相対評価)」「他者からできない人と見られないようにしたい(他者からの否定的な評価を避ける)」があげられます。

なお研究上は,②の熟達回避目標は長らく使用されていませんでしたが,近年高齢者を対象とした研究などで使用されています。たとえば「若い頃に比べて,高齢となったいまの自分ができないということは避けたい」というような内容です。高齢となった私にも納得できる内容だと感じています。

さて,表2-4の枠組みを用いた研究結果を概観すると,熟達接近目標を強くもつ子どもは,学業成績がよいし学校適応もよいのですが,遂行回避目標を強くもつ子どもは反対に,学業成績が芳しくなく学校適応もよくないことがわかっています。

また遂行接近目標については,結果が一定しておらず,おそらく自分に自信のある人は,遂行接近目標がうまくはたらき成績や適応がよいのでしょうが,自信がない人はおおむねその反対の結果になるものと予想されます(櫻井,2009など参照)。いわゆる“もろ刃の剣”のような目標といえるでしょう。

以上は，おもに学習場面における達成目標の研究でしたが，近年，対人関係場面における達成目標についての研究（たとえば，海沼・櫻井，2018）も行われています。

なお，現在は表 2-4 のような達成目標の四分類は，六分類へと進化しています（たとえば，Elliot et al., 2011; 山口，2012)。この六分類は，有能さの定義の軸における「個人内評価あるいは絶対評価か」が，個人内評価と絶対評価に分化した分類と考えればOKです。個人内評価（個人内での成長や優劣を評価すること）と絶対評価（設定された目標をクリアしたかどうかを評価すること）は微妙に異なりますので，分けたほうが合理的だと考えられます。

■引用文献

Ames, C., & Archer, J. (1988). Achievement goals in the classroom: Students' learning strategies and motivation processes. *Journal of Educational Psychology, 80,* 260-267.

Atkinson, J. W. (1964). *An introduction to motivation.* Van Nostrand.

Bandura, A. (1977). Self-efficacy: Toward a unifying theory of behavioral change. *Psychological Review, 84,* 191-215.

Bandura, A. (1986). *Social foundations of thought and action: A social cognitive theory.* Prentice-Hall.

Bandura, A. (1997). *Self-efficacy: The exercise of control.* Freeman.

Diener, C. I., & Dweck, C. S. (1978). An analysis of learned helplessness: Continuous change in performance, strategy, and achievement conditions following failure. *Journal of Personality and Social Psychology, 36,* 451-462.

Diener, C. I., & Dweck, C. S. (1980). An analysis of learned helplessness: Ⅱ. The processing of success. *Journal of Personality and Social Psychology, 39,* 940-952.

Dweck, C. S. (1986). Motivation processes affecting learning. *American Psychologist, 41,* 1040-1048.

Dweck, C. S. (2006). *Mindset: The new psychology of success.* Random House. 今西康子（訳）(2016). マインドセット――「やればできる！」の研究　草思社

Eccles, J. S. (2005). Subject task value and the Eccles et al. model of achievement-related choices. In A. J. Elliot & C. S. Dweck (Eds.), *Handbook of competence and motivation* (pp.105-121). Guilford Press.

Elliot, A. J. (1997). Integrated the “classic” and “contemporary” approaches to achievement motivation: A hierarchical model of approach and avoidance achievement motivation. In M. L. Maehr & P. R. Pintrich (Eds.), *Advances in motivation and achievement: A research annual.* Vol.10 (pp.143-179). JAI Press.

Elliot, A. J. (1999). Approach and avoidance motivation and achievement goals. *Educational Psychologist, 34,* 169-189.

Elliot, A. J., Murayama, K., & Pekrun, R. (2011). A 3 × 2 achievement goal model. *Journal of Educational Psychology, 103,* 632-648.

鹿毛雅治（2013）．学習意欲の理論――動機づけの教育心理学　金子書房

海沼　亮・櫻井茂男（2018）．中学生における社会的達成目標と向社会的行動および攻撃行動との関連　教育心理学研究，*66,* 42-53.

黒田祐二（2012）．動機づけ　櫻井茂男（監修）黒田祐二（編集）実践につながる教育心理学（pp.72-88）　北樹出版

櫻井茂男（2009）．自ら学ぶ意欲の心理学――キャリア発達の視点を加えて　有斐閣

櫻井茂男（2017）．自律的な学習意欲の心理学――自ら学ぶことは，こんなに素晴らしい　誠信書房

櫻井茂男（2019a）．自ら学ぶ子ども―― 4つの心理的欲求を生かして学習意欲をはぐくむ　図書文化社

櫻井茂男（2019b）．完璧を求める心理――自分や相手がラクになる対処法　金子書房

櫻井茂男（2020）．学びの「エンゲージメント」――主体的に学習に取り組む態度の評価と育て方　図書文化社

櫻井茂男（2021）．無気力から立ち直る――「もうダメだ」と思っているあなたへ　金子書房

上淵　寿・大芦　治（編著）（2019）．新 動機づけ研究の最前線　北大路書房

Weiner, B. (1972). *Theories of motivation: From mechanism to cognition.* Rand McNally.

Weiner, B. (1979). A theory of motivation for some classroom experiences. *Journal of Educational Psychology, 71,* 3-25.

Weiner, B. (1985a). *Human motivation.* Springer-Verlag.

Weiner, B. (1985b). An attributional theory of achievement motivation and emotion. *Psychological Review, 92,* 548-573.

山口　剛（2012）．動機づけの変遷と近年の動向――達成目標理論と自己決定理論に注目して　法政大学大学院紀要，*69,* 21-38.

Part 3

自己決定理論と自ら学ぶ意欲についての理論

自律の視点から動機づけを研究する

自律の視点からは，基本的心理欲求の充足を中心に据え自律を重視する「自己決定理論」と，自分から自発的に学ぶことを重視する「自ら学ぶ意欲についての理論」を紹介します。自己決定理論は，アメリカ留学中からの私の恩師であるデシ先生とライアン先生が中心になって構築された理論です。一方，後者の「自ら学ぶ意欲についての理論」は，自己決定理論を学ぶ過程でヒントを得て，私が構成した理論です。理論というよりも一つのモデルというほうが適切でしょう。批判的に読んでもらえるとありがたいです。

なお，自己決定理論は六つのミニ理論で構成される大きな理論であるため，ここではその概略を説明しますが，それでもかなりの紙面を要します。そのつもりでお読みください。

第1節　自己決定理論
――基本的心理欲求の充足を中心にした研究

自己決定理論（self-determination theory：SDT）は，アメリカ・ロチェスター大学のデシ（Deci, E. L.）先生とライアン（Ryan, R. M.）先生が主導されてきた動機づけ理論です。

この理論（Ryan & Deci, 2017）は人間の動機づけに関する基本的な理論であり，学ぶことや働くことなど多様な活動において，基本的心理欲求である自律性の欲求，有能さへの欲求，関係性の欲求を充足すること（満たすこと）で，適応的な発達や精神的な健康さらには幸福感までもたらすという壮大な理論です。

初期は四つのミニ理論（櫻井，2009 参照）で構成されていましたが，すぐに五つ（櫻井，2012 参照）となり，そして現在では六つに増え，とても大きな理

表 3-1　自己決定理論における六つの下位理論の概要

(Deci E, L. へのインタビューをもとに作成；西村，2019 を改変)

下位理論	研究の時期	理論の関心
認知的評価理論	1970 年～	内発的動機づけと社会的要因
有機的統合理論	1980 年～	外発的動機づけ（内発的動機づけも含む）と価値の内在化・自律性
因果志向性理論	1990 年～	自律的，他律的，非個人的パーソナリティ（志向性）とその個人差
基本的心理欲求理論	2000 年～	心理的ウェルビーイングと自律性，有能さ，関係性への欲求の充足と阻害
目標内容理論	1990 年～	内発的 vs 外発的人生目標
関係性動機づけ理論	2000 年～	親密な関係の中での欲求充足と自律性支援の役割

論となっています。デシ先生はすでに高齢を理由に研究の第一線から退かれました。とても残念ですが，今後は有能な後進たちの研究に期待したいと思います。

この理論は既述の通り，六つのミニ理論で構成されています。それらは提唱された順に，①認知的評価理論（cognitive evaluation theory），②有機的統合理論（organismic integration theory），③因果志向性理論（causality orientations theory），④基本的心理欲求理論（basic psychological needs theory），⑤目標内容理論（goal contents theory），⑥関係性動機づけ理論（relationships motivation theory）になります。

表 3-1 に，各ミニ理論の概要を示しました。理論全体を俯瞰するにはとても参考になります。

なお，英語が得意な方は自己決定理論に関する最新の著書（Ryan & Deci, 2017）が刊行されていますので，こちらもご参照ください。自己決定理論が体系的にまとめられています。また，日本語の文献では西村（2019）が優れていると思います。わが国の研究が多く引用され，しかもコンパクトにまとめられています。

(1) 認知的評価理論

1) 基礎的な研究

認知的評価理論は内発的動機づけに関する理論です。自己決定理論のなかではもっとも初期の理論で，デシ先生が世界的な心理学者としてデビューするきっかけとなった理論といえます。外的な報酬（たとえば，ご褒美）によって内発的動機づけが低下する現象とそうした効果（アンダーマイニング効果［undermining effect］）を中心に，内発的動機づけに及ぼす社会的要因（おもにご褒美やほめ言葉）の影響を理論化しました。

従来は，学習がうまくできたときにご褒美が与えられれば，学習意欲は高まるものと予想されていました。また，いまもそう考えている人は多いかもしれません。しかし，こと内発的動機づけに関しては，内発的動機づけが高い状態で学習をして，その学習の出来栄えに対してご褒美が与えられる事態が繰り返されると，ご褒美が与えられない状況で示された内発的動機づけは低下することが確認されています（たとえば，Deci, 1971）。こうした常識を覆すような研究成果を理論化したのが，認知的評価理論です。

原理はとてもシンプルです。もともと内発的になされていた“おもしろく楽しい”学習活動に対して他者からご褒美が与えられ，しかもそうした事態が繰り返されると，学習はしだいにご褒美を得るための“手段”となり，他者からやらされているという被統制感が高まり自己決定感が低下します。そのため，ご褒美がなくなると自分からは学習しなくなるというのです。

ほめ言葉の影響についてはポジティブで，有能感の高まりによって内発的動機づけが高まることが多いとされます。より厳密でていねいな説明は，Ryan & Deci（2017）をご参照ください。理論の妥当性はDeci et al.（1999, 2001）のメタ分析（meta-analysis：多くの研究結果をまとめて示すことができる統計分析）によって確認されています。

子育て場面にあてはめていえば，子どもが本来的にもっている内発的動機づけ（その子らしい興味・関心）の芽を摘まないように，周囲の大人は子どもが主体的に行っている活動に対して，たとえそれがより意欲的になってほしいという思いを込めた対応であったとしても，ご褒美で釣ることはしないほうが得策です。

2）発展的な研究

近年，アンダーマイニング効果が脳内の活動という点からも解明されつつあります。村山ら（Murayama et al., 2010）のMRIを用いた研究によると，金銭的な報酬を与えられる前（内発的動機づけが高い状態）では，前頭葉と大脳基底核とが連動して活動していましたが，金銭的な報酬を得た後（外発的動機づけが高い状態）ではそうした活動はほとんど見られなくなったと報告されています。脳内の認知処理の中枢である前頭葉と，価値計算や感情コントロールの中枢である大脳基底核とが協同することによって，内発的動機づけが支えられていると考えられています。

村上らの研究をはじめ，心理学の世界でも心理現象と脳内活動との関係が盛んに調べられるようになりました。さらに欧米では心理現象と遺伝情報との関係も調べられる時代に入ってきており，今後の研究成果が楽しみです。

（2）有機的統合理論

有機的統合理論は，おもに外発的動機づけを自律性の観点から段階づけた理論です。“おもに外発的動機づけ”と表現したのは，図 3-1 に示されている通り，外発的動機づけだけでなく無気力や内発的動機づけも含め，「無気力→外発的動機づけ→内発的動機づけ」というプロセスを自律性の程度によって段階づけているからです。もちろん，議論の中心は外発的動機づけです。

わが国ではこの理論についての研究がもっとも盛んになりました。なぜならば教育心理学分野では，子どもの学習意欲について，無気力や外発的な学習意欲の状態から内発的な学習意欲の状態へと変化させる方法の探究が重要課題であったからです。それはいまも変わらないと思います。そして，対象となる子どもの自律性を支援すること（自律性支援，p.47 参照）によって，内発的な学習意欲へ

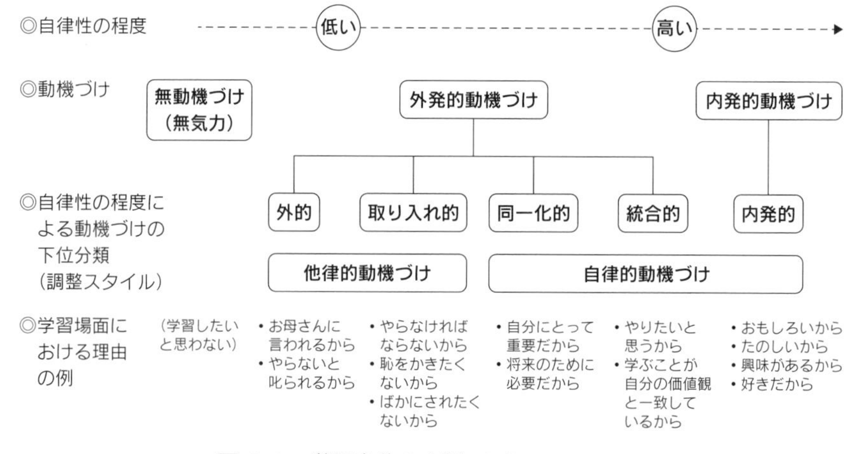

図 3-1　学習意欲の分類（櫻井，2019a, p.24）

と変化することがわかりました。もちろん，大人の場合には仕事に関する自律性を支援することも有効です。

有機的統合理論で注目したいのはつぎの三点です。

1）自律性による分類

ひとつは，図 3-1（学習場面に特化した概念図）からも明らかなように，外発的以降の動機づけを「自律性の程度」によって五つの調整スタイルに分類し，「外的」と「取り入れ的」スタイルを合わせて「他律的動機づけ」，「同一化的」と「統合的」と「内発的」を合わせて「自律的動機づけ」と整理したことです。これは外発的動機づけを詳細に研究するうえで画期的な分類となりました。

ただし，データ分析上は「統合的」と「内発的」スタイルは分離できないことが多く，「統合的」と「内発的」を一緒にして「内的」スタイルと表現することもあります。

ここでいう「自律性の程度」とは，その活動を行うことの価値が自分のなかにどのくらい受け入れられているか，という「価値の内在化の程度」であるとされます。活動することの価値が自分のものになっていれば，たしかに自律的に活動できます。

図 3-1 に示されている調整スタイル（regulatory style）は，価値の内在化（＝自律性）の程度を示しています。その下にある「学習場面における理由の例」は，各調整スタイルの特徴を示しています。この理由によってどの調整スタイルかを判断することができます。価値の内在化（＝自律性）の程度は活動する理由を問うことで明らかになります。

それでは「外的調整」から「内発的調整」までの各段階を，櫻井（2009）に基づいて具体的に説明しましょう。まず，もっとも他律的なのは「外的調整」に基づく外発的動機づけです。この段階では，学習を例にすれば（以下でも同様に学習を例にあげます），学習課題をすることに価値を認めておらず，外部からの強制によって学習をする段階です。したがって，学習をする理由は「お母さんに言われるから」「やらないと叱られるから」となります。

つぎにやや他律的なのが「取り入れ的調整」に基づく外発的動機づけです。この段階では，学習課題をすることに価値を認め，それを自分の価値にしようとしていますが，まだ「しなくてはいけない」というような義務感がともなっています。また，他者から強制されなくても自分から学習課題をしようとしますが，心の中には「しなくてはならない」というプレッシャーや「恥をかきたくない」という評価懸念があります。したがって，学習をする理由としては「やらなければならないから」「恥をかきたくないから」「ばかにされたくないから」となります。

そして，やや自律的なのが「同一化的調整」です。この段階では，学習課題をすることが自分にとって価値があり重要であると認識していて，学習課題に積極的に取り組もうとする段階です。学習をする理由としては「自分にとって重要だから」「将来のために必要だから」となり，取り入れ的段階よりも積極的な理由になっています。

外発的動機づけの最後の段階は「統合的調整」です。外発的動機づけのなかではもっとも自律性が高い段階といえます。学習することが自分の価値と一致している状態で，違和感なく，その学習課題をやりたいと思えます。したがって，学習をする理由としては，「やりたいと思うから」「学ぶことが自分の価値観と一致しているから」となります。

そして，「内発的調整」の段階は，内発的動機づけとなります。この段階での学習する理由は従来通りの「おもしろいから」「たのしいから」「興味があるから」「好きだから」となります。

この理論において一点，疑問に思うことがあります。それは，最後の内発的調整（内発的動機づけ）は基本的に価値の内在化の結果として生まれる調整スタイル（動機づけ）ではなく，人間が生来もっている知的好奇心のような心理的欲求から直接生じるものではないかという点です。内発的動機づけは幼児や児童でも認められる動機づけであり，外発的動機づけとは基本的に異なる性質のものと考えますが，どうでしょうか。

2）自律性の高さとパフォーマンスや健康との関係

有機的統合理論で注目したい二点目は，これらの調整スタイルあるいは動機づけがもたらす効果について，自律性が高くなるほどパフォーマンスも高くなり健康状態もよくなるとほぼ確認したことです。

たとえば，中学生を対象とした私どもの研究（西村ほか，2011）では，同一化的調整スタイルは，メタ認知方略（自分で学習過程をコントロールする方略：たとえば，勉強をしているとき，やっていることが正しくできているかどうかを確認すること）を介してその後の学業成績を促進し，他方外的調整スタイルは何も介さずに直接その後の学業成績を抑制しました。また，西村・櫻井（2013）も中学生を対象にして，自律的動機づけが高いほど学校での適応がよいことを報告しています。

もちろんこうした効果は子どもの学習行動だけでなく，大人を対象とした仕事，子育て，思いやり行動，スポーツなどの多様な分野でも確認されています（櫻井，2009などを参照のこと）。

3）自律性支援

注目したい三点目は，自律性支援（autonomy support）によって自律性の高い動機づけ段階への変容が可能であることを示した点です。

Deci et al.（1994）によると自律性支援とは，対象者の気持ちを理解すること，対象者に活動に対する合理的な動機を提供すること，対象者に活動の選択肢を与えることなどととらえられています。そしてReeve et al.（2004）は，教師が子どもの学習行動に対する自律性支援をすることで，子どもの学習動機づけはより自律的になることを明らかにしました。

自律性支援とは，後に登場する「基本的心理欲求理論」でも示されるように，自律性の欲求を充足するような支援が中心となります。ただ，私が実際に子どもの学習支援を行った経験からは，自律性支援とはいうものの有能さの支援や関係性の支援も含まれることが多いと感じています。

子どもが教室で自律的に学習する動機をもてるようになるには，関係性の欲求が満たされて教室が安心して過ごせる場所（居場所）になること，そして有能さへの欲求が満たされてやればできると思えるようになること，そして最後に自律性の欲求が満たされて可能な範囲で自己決定して学べるようになること（自律的な動機がもてること），というプロセスを想定したほうが理にかなっているように思います。

(3) 因果志向性理論

ここでいう因果志向性とは，自律性の程度（causality：原因となるもの）によって分けられた安定したパーソナリティ（orientations）のことを意味します。したがって，因果志向性理論は自律性の程度によって分けられたパーソナリティ

表 3-2　一般的因果志向性尺度（日本語版）の項目例と採点法
（田中・桜井，1995; 櫻井，2017, p.87）

1 ～ 12 の下線の文章を 1 つずつ読んで，そのような状況が，あなたに起こったと仮定してください。そして，①～③の行動（考え）が，あなたにどの程度当てはまるか，右下の表にそって当てはまる数字に○をしてください。正しい答えとか，間違った答えとかはありませんから，思った通りに答えてください。

1 ……全く当てはまらない
2 ……少し当てはまる
3 ……かなり当てはまる
4 ……よく当てはまる

1. あなたはしばらく勤めていた会社で，新しいポストへの異動が決まりました。あなたは最初に，どんなことを考えたり，思ったりしますか。

①新しいポストでその責務がはたせなかったらどうしよう，と不安になる。（I）	［1 － 2 － 3 － 4］
②新しいポストで，今より良い仕事ができるかどうかと考える。（C）	［1 － 2 － 3 － 4］
③新しい仕事が，自分にとって興味深いものかどうか，知りたくなる。（A）	［1 － 2 － 3 － 4］

注）12 個ある状況のうちひとつを掲載した。①～③の末尾についている（A）は自律的志向性，（C）は他律的志向性，（I）は非個人的志向性を示す。採点は 1 ～ 4 の数字がそのまま得点になる。

理論ということになります。

具体的にいえば，図 3-1 に示されている①無動機づけ（無気力），②他律的動機づけ（被統制的動機づけ：外発的動機づけの外的調整と取り入れ的調整スタイル），③自律的動機づけ（外発的動機づけのうちの同一化的調整と統合的調整，ならびに内発的動機づけに対応する内発的調整スタイル）を，それぞれ安定したパーソナリティ特性ととらえ，順に，非個人的志向性（impersonal orientation），他律的（被統制的）志向性（controlled orientation），自律的志向性（autonomy orientation）として，理論化したものです。

西村（2019）によれば，非個人的志向性とは目標達成に無気力であり，結果に対して自分では何も影響を及ぼすことができないと考えやすい傾向，他律的志向性とは外的な評価に敏感で，自分自身の関心や価値を大切にしない傾向，自律的志向性とはまわりの環境に積極的にはたらきかけ自分の関心を表現しやすい傾向としてまとめられています。この理論に基づく各志向性の測定には，表 3-2 のような尺度が開発されて，使用されています。

私は当初，こうしたパーソナリティ的な展開や理論化に興味はありませんでした。しかし現在は自律的なパーソナリティ（自律的志向性）を育てること，すなわち学習や仕事に留まらず日々の多くの行動に対して自律性を発揮できる人間に育てることこそが大事だと考えるようになりました。

(4) 基本的心理欲求理論

1) 基礎的な研究

基本的心理欲求理論とは，人間の基本的な心理（的）欲求に関する理論です。最初は「基本的欲求理論（Basic Needs Theory）」と称していましたが，やがて現在の「基本的心理欲求理論」と改称されました。とはいえ，内容はあまり変わっていません。「欲求」という用語に「心理」という形容をつけてより正確な名称にしたものと推察されます。自己決定理論を構成する四つめのミニ理論ですが，じつはもっとも基本的・基礎的な理論といえます。

人間の基本的な心理欲求として，①有能さへの欲求（need for competence），②自律性の欲求（need for autonomy），③関係性の欲求（need for relatedness）を仮定し，これらが充足されることによって人間は精神的に健康で幸福に生きられる（仮説 1）と考えます。この三つの心理欲求のなかでは，関係性の欲求，すなわち周囲の人たちと信頼関係を築き維持していきたいという欲求が，もっとも新しく加わった欲求です。

さらにこの理論では，こうした心理欲求は普遍的なものであるため，世代や性別，文化を超えて誰にでもあてはまり，精神的健康や幸福に寄与する（仮説 2）としています。

なお，「幸福あるいは幸福感（well-being）」とはもとの英単語から解釈すると「よく生きていること」となります。心理学における幸福には二つのとらえ方があります。

ひとつは，快－不快の感情を重視する快楽主義（hedonism）から幸福をとらえる立場です。この立場では，おもに人生満足度（life satisfaction：たとえば，私の人生はとても素晴らしい状態だ，私は自分の人生に満足している）によってその程度を測定しています。

もうひとつのとらえ方は，アリストテレスの哲学に由来し，心が完全に機能している状態を重視する幸福主義（eudaimonism）から幸福をとらえる立場です。この立場では，おもに活力（vitality：たとえば，いきいきとして活力に満ちあ

表 3-3　基本的心理欲求充足尺度の項目例
（西村・櫻井，2015 をもとに作成；櫻井，2017, p.88）

●有能さへの欲求の充足
・私は学校でのさまざまな活動によって，自信を得ていると思う。
・私は自分の能力や力を高めるために多くのことをやりとげていると思う。

●関係性の欲求の充足
・私はまわりの人と友好的な関係を築いていると思う。
・私はまわりの人から大切にされていると感じている。

●自律性の欲求の充足
・私は自分の意見や考えを，自分から自由に言えていると思う。
・私は人から言われずに，自分で決めて行動していると思う。

ふれている，やる気が満ちあふれている）によってその程度を測定します。

基本的心理欲求理論では，どちらかといえば well-being の本来の意味に近い後者の立場で幸福をとらえています。ただハッピーというだけでなく，人間として活力がありいきいきと生活していることを幸福ととらえているようです。

さて，本題に戻ります。既述の二つの仮説は多くの研究によって支持されています。西村・櫻井（2015）は，表 3-3 のような項目で「学校場面における基本的心理欲求充足尺度」を作成し中学生を対象に調査をした結果，心理的欲求充足が高いほど学校適応がよいことを確認しました。

ただ，三つの心理欲求の充足だけで，人間は幸福に生きられるのかと問われれば，明確に YES とは言い難いように思います。こと学習に関していえば，従来からよく指摘されている“知的好奇心”（波多野・稲垣，1971, 1973）は基本的な心理欲求のひとつではないかと，私は考えます。

2）発展的な研究

近年は三つの心理欲求の充足について，そのバランスが検討されています。Sheldon & Niemiec（2006）は，バランスのとれた欲求充足（balanced need satisfaction）という概念を提唱し，三つの心理欲求のうちどれか一つが突出して充足されるよりも，三つの心理欲求が同程度に充足されるほうが精神的に健康であると主張しています。

ただ，私は親子関係や教師と子どもの関係を観察していると，バランスも重要ですが，人間の成長・発達の過程においては心理欲求の充足の“順序”も大事であると考えます。

まず関係性の欲求が充足されて良好な人間関係が形成され，つぎに有能さの欲求が充足されて自分に自信がもて，そのうえではじめて自律性の欲求が充足される段階になる，という充足の順序（あるいは発達の順序）を想定しています。

2010 年以降，基本的心理欲求の充足とともに，基本的心理欲求の阻害あるいは不満（psychological need frustration）についての研究が進められています。それらの研究によると，心理欲求の充足が人生満足度や活力を高めるのに対して，心理欲求の阻害はうつ傾向を高めることがわかりました（Chen et al., 2015; Nishimura & Suzuki, 2016）。

最後に紹介したいのは，この理論を総括する Ryan et al.（2008）のメンタルヘルスに関するモデルです。図 3-2 をご覧ください。三つの基本的心理欲求は，自律性支援や自律的なパーソナリティ（自律的志向性），そしてこの後に登場する「目標内容理論」における内発的な人生目標の達成等によって充足され，精神的健康や身体的健康までもが増進されるというモデルです。じつにわかりやすいモデルですが，精神的健康や身体的健康のほかに最後に“幸福感”が抜けているように思います。

(5) 目標内容理論

人生目標（life goal or aspiration）のもち方によって，基本的心理欲求の充足のされ方が異なり，その結果精神的な健康や幸福などにもそれなりの影響を及ぼすというのがこの目標内容理論です。基本的心理欲求理論の応用編といえるでしょう。

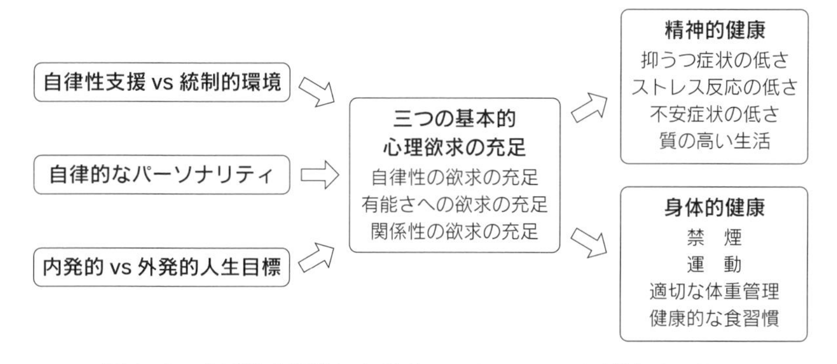

図 3-2　自己決定理論におけるメンタルヘルスに関するモデル
（Ryan et al., 2008 をもとに作成；西村，2019 を改変）

なお，aspirationを「将来目標」と訳すこともあります。とくに中学生や高校生の場合には将来目標としたほうがフィットするようにも感じますが，ここでは大人の場合も含めて「人生目標」と表記します。

1）基礎的な研究

人生目標は内発的人生目標（intrinsic life goal or aspiration）と外発的人生目標（extrinsic life goal or aspiration）に分けられます。内発的人生目標とは，人間の基本的心理欲求，すなわち自律性の欲求，有能さへの欲求，関係性の欲求と軌を一にした目標のことです。具体的には自己受容・自己成長，親和性の獲得，社会貢献，身体的健康をめざした目標群（表3-4参照）となります。心理欲求と軌を一にした目標であるため，これらの目標が達成されれば心理欲求は即座に充足され，精神的に健康で幸福になりやすいといえます。

一方，外発的人生目標は，人間の基本的心理欲求と軌を一にしない目標です。具体的には，社会的名声，外見的魅力，金銭的成功をめざす目標群（表3-4参照）です。これらの目標は達成されても心理欲求を間接的にしか充足しないため，内発的人生目標に比べて精神的な健康や幸福感は形成されにくいといえます。

また，いずれの目標でも，達成後だけでなく達成しようとする過程でも，同様の効果が予想されています。

表3-4には子どもを対象にした人生（将来）目標を測定する項目例が示されていますので，参考にしてください。

人生目標と精神的健康との関係については，内発的人生目標を重視することが精神的健康につながり，外発的人生目標を重視することが精神的健康を害することにつながると報告されています（Kasser & Ryan, 2001; Williams et al., 2000）。また，こうした結果が国や文化を超えて普遍的であることもほぼ確認されています（たとえば，Martos & Kopp, 2012; Ryan et al., 1999）。

この理論の発端となったのは，Kasser & Ryan（1993）の論文です。この論文には“A dark side of American dream”というタイトルが付けられており，とても衝撃的であったことを覚えています。アメリカンドリームを夢見て，すなわち社会的名声や金銭的成功の獲得を夢見て一生懸命がんばり，たとえそうした目標が達成されたとしても，当初期待していたほどの幸福感は得られず，むしろ

表 3-4　子どもの人生（将来）目標を測定する項目の例
（西村ほか，2017 をもとに作成；櫻井，2021, p.92）

●内発的な人生・将来目標

⑴　自己成長
・自分について多くのことを知り，成長すること
・生き方や人生を自分なりに選ぶこと

⑵　親密性の獲得
・自分のことを気にかけて，支えてくれる人がいること
・頼りになる友だちをもつこと

⑶　社会貢献
・困っている人を助けること
・人の役に立ち，世の中をよくすること

⑷　身体的健康
・元気で暮らせること
・健康であること

●外発的な人生・将来目標

⑴　金銭的成功
・ぜいたくなものをたくさん買うこと
・お金がたくさんもらえる仕事につくこと

⑵　外見的魅力
・見た目がすてきだといわれること
・かっこよく（または，かわいく）なること

⑶　社会的名声
・有名になること
・えらくなり，人から認められること

注）「あなたはどんな人生や生き方を望んでいますか」と問い，各項目に対して重要度を評定してもらうとよい。

空虚感にさいなまれ精神的に不健康になることを暗示していると思われます。

アメリカのプロスポーツ選手やビジネスパーソンのなかには，こうした人が多いのかもしれません。そうした人のなかには，慈善団体への高額な寄付やボランティア活動への積極的な参加によって，心に空いた大きな穴を埋めている人もいるという話を聞いたことがあります。

そうはいっても，日常生活にはそれなりの金銭も必要です。大事なことは，内発的人生目標をメインにもって達成をめざすということです。そうすれば，達成に向けて努力している段階でも，目標が達成された段階でも，精神的に健康で幸福感も高い状態でいられます。外発的人生目標をもってはいけないということではありません。内発的人生目標を主，外発的人生目標を従としてもつことがよいと思います。

2）発展的な研究

外発的人生目標のなかでも，金銭的成功や社会的名声を過度に追求する傾向をマテリアリズム（materialism：「物質主義」とも訳します）といいます。発展途上国・地域のなかには経済的に貧しくて，多くの人たちが少額の金銭を得てそれで日々の食物を購入し，健康を何とか維持している国・地域もあります。そうした国や地域では経済的に豊かな先進国と比べ，外発的人生目標のなかの金銭的成功と内発的人生目標のなかの身体的健康の間に相対的に強い関連が見出されています（Grouzet et al., 2005）。

彼らにとって金銭を得ることは，身体的健康を維持することなのです。発展途上国では金銭的成功を目標として重視しても，精神的健康や幸福感にネガティブな影響をもたらすことはあまりないようです。

なお，外発的人生目標を重視することによるネガティブな影響は，わが国の中学生でもほとんど認められませんでした（西村ほか，2017）。この時期の子どもたちにとって，人生目標はまだ確固としたものとはなっていないため，こうした結果が得られたものと解釈しています。

(6) 関係性動機づけ理論

関係性動機づけ理論は近年登場したもっとも新しいミニ理論で，今後の発展が期待されています。

基本的心理欲求理論では，基本的心理欲求を充足すれば精神的な健康や幸福感が促進される現象を対象としています。関係性動機づけ理論は，基本的心理欲求理論が発展したものといえます。基本的心理欲求の充足は「親密な対人関係」のなかで起こりやすく，支援された相手だけでなく支援した本人も基本的心理欲求が充足されやすいことを仮説としています。

Patrick et al.（2007）は，恋愛関係にある二人において，相手によって心理欲求の充足を支援されていると感じるパートナーは，その感じる程度が強いほど精神的健康が高く，さらに恋愛関係の質も高いことを報告しています。

また Deci et al.（2006）は，親密な友人関係において，友人から受ける自律性支援は（おそらくは関係性の欲求もさらに充足させるため），その友人に対する関係満足度（精神的健康の一部）を高めること，さらにその友人に対して自律性支援を与えることも関係満足度を高めることを見出しています。いまのところ研究数が少ないため，今後の研究成果が楽しみです。

これで自己決定理論の紹介は終わりです。最後に自己決定理論の動機づけ研究における位置づけ（特徴）についてふれます。

この大きな理論は基本的心理欲求（自律性の欲求，有能さへの欲求，関係性の欲求）とそれに基づく目標（動機の一部）の機能を重視した理論です。動機づけの推進力（動機の一部）については，心理的欲求の充足，具体的にいえば自己決定感や有能感，他者からの信頼感を得ることによって，高められると考えられます。

以上の点から，自己決定理論は基本的心理的欲求をみなもととする動機づけ理論といえます。

第 2 節　自ら学ぶ意欲についての理論
——「主体的・対話的で深い学び」を実現する学習意欲の研究

(1)「自ら学ぶ意欲のプロセスモデル」とは

自ら学ぶ意欲についての理論として，ここでは私が提案している「自ら学ぶ意欲のプロセスモデル」（櫻井，2020b）を紹介します。学習場面に特化した動機づけモデルですが，仕事場面にも適用できます。

このモデルは心理（的）欲求に基づくモデルということでは自己決定理論と同様ですが，取り上げている心理欲求は，知的好奇心，有能さへの欲求，向社会的欲求，自己実現の欲求の四つです。自己決定理論と同じなのは，有能さへの欲求のみですが，このモデルの有能さへの欲求には自律性の欲求が含まれていることにご留意ください。

そして四つの心理欲求から生まれる具体的な動機（意欲）は，内発的な学習意欲，達成への学習意欲，向社会的な学習意欲，自己実現への学習意欲と四つあります。これらを総称して「自ら学ぶ意欲」と呼んでいます（図 3-3 参照）。日常語に近い用語ですが，このほうが実際の学習指導場面では受け入れられやすいものと判断し用いました。

モデルの対象となるのは小学生高学年以上ですが，中心となるのは中学生以上です。なぜならばモデルには自己調整学習（Part 4 参照）が含まれており，この

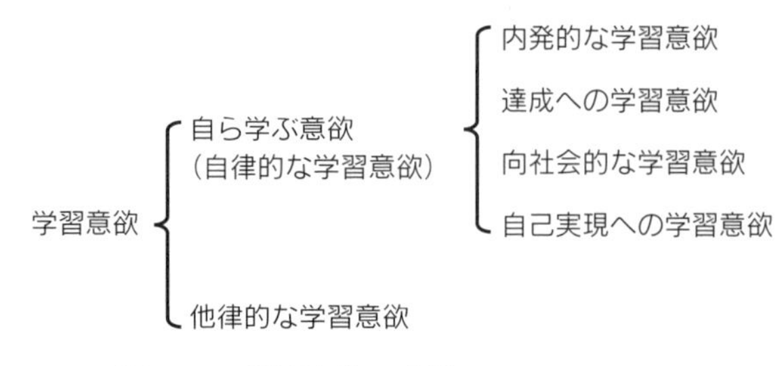

図 3-3　学習意欲の分類（櫻井，2021, p.69）

学習が可能になるのはメタ認知（Part 4 参照）が発達してくる小学校高学年以上であるからです。もちろん，メタ認知の役割を教師が担えば，小学校低学年でもこのモデルを使うことはできます。

なお，このモデルにおける動機づけの推進力は自己決定理論と同様，心理欲求の充足すなわち「学ぶおもしろさや楽しさ」「有能感」「自己有用感」「充実感」（図 3-4 参照）を得ることによって，そうした認知や感情に対応する心理欲求が高まり，同時に推進力も高まります。

現在の学習指導要領では，「主体的・対話的で深い学び」の実現が重視されていますが，自ら学ぶ意欲のプロセスモデルでは，四つの自ら学ぶ意欲によってこの学びを実現することができます。さらに「個別最適な学び」や「協働的な学び」も同様です。

(2) モデルの詳細

それでは，具体的な説明に入ります。

私ども（桜井，2004; 桜井ほか，2005; 桜井・下山ほか，2006; 桜井・新川ほか，2006）は 2004 年頃より，自ら学ぶ意欲に関するモデルを作成しその精緻化に努めてきました。2009 年にはその大枠が完成し（櫻井，2009; 櫻井ほか，2009），2017 年，2019 年，2020 年と改訂を続け（櫻井，2017, 2019a, 2020a, 2020b），現在は図 3-4 のようなモデルとなり，「自ら学ぶ意欲のプロセスモデル」と称しています。

まずこのモデルでは，自ら学ぶ意欲を図 3-3 のようにとらえています。学習場面における意欲に特化していますが，もとをたどれば，内発的な学習意欲は内発的動機づけ，達成への学習意欲は達成動機づけ，向社会的な学習意欲は向社会

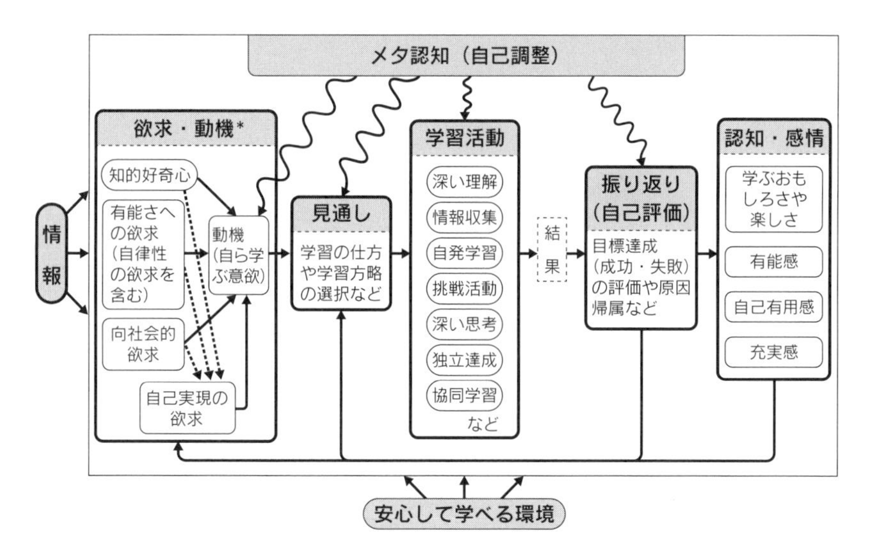

図 3-4　自ら学ぶ意欲のプロセスモデル（櫻井，2021, p.68）

注）＊では欲求のほかに，認知（たとえば，学習には価値がある）や感情（たとえば，学習が好き）も動機の形成に影響する。

的（あるいは利他的）動機づけに対応し，自己実現への学習意欲は自己実現の欲求に基づく動機づけということになります。

つぎに図 3-4 のモデルと，モデルの一部の流れをわかりやすく示した表 3-5 によれば，四つの自ら学ぶ意欲のみなもとには四つの心理欲求があります。この四つの心理欲求は「安心して学べる環境」において出会う「情報」（授業など）によって刺激され，さらにメタ認知の影響も受けて，いくつかの自ら学ぶ意欲（いわゆる動機）になります。

そして図 3-4 に示されているように，自ら学ぶ意欲は「情報」（たとえば，教師からの教え・サポートや子ども同士のやりとりなど）や「安心して学べる環境」（たとえば，質問に答えてくれる教師やクラスメイトの存在など）のもとで「見通し」へと進みます。「見通し」では，メタ認知の影響も受けて，学習の仕方や学習方略などを決め「こんなふうに進めていけば大丈夫そうだ」という判断にいたります。

その見通しに基づいて「学習活動」が展開されます。学習活動は多岐にわたります。問題のより「深い理解」，必要な「情報収集」，自分で計画を立て学習を進める「自発学習」，難しい問題に挑戦する「挑戦活動」，よりよい解決にいたるた

表 3-5　心理的欲求，自ら学ぶ意欲，振り返り後にもたらされるもの（認知・感情）の関係（櫻井，2021，p.70）

心理的欲求	自ら学ぶ意欲	振り返り後にもたらされるもの（認知・感情）
知的好奇心	内発的な学習意欲	学ぶおもしろさや楽しさ
有能さへの欲求	達成への学習意欲	有能感〔⟶（自己）効力感〕
向社会的欲求	向社会的な学習意欲	自己有用感
自己実現への欲求（小学校高学年以上）	自己実現への学習意欲	充実感

めに必要な「深い思考」，できるだけ自分の力で問題を解決する「独立達成」，そしてよりよい解決や一人では解決できない問題に対応できる「共同（協働）学習」などです。

そして学習活動の「結果」に基づいて，「結果の振り返り（自己評価）」を行います。学習活動によって目標が達成されているかどうか（成功・失敗）が判断され，その結果が重要な場合には，成功・失敗の原因が探求（原因帰属）されます。

知的好奇心に基づく学習では，成功・失敗にかかわらず「学ぶおもしろさや楽しさ」を感じることができます。そのほかの欲求では，ほぼ成功裏に終わることによって，有能さへの欲求に基づく学習ではおもに「有能感」が，向社会的欲求に基づく学習では「自己有用感」や「有能感」が，自己実現の欲求に基づく学習では「充実感」（表 3-5 参照）を感じることができます。これらが四つの心理欲求を充足し，このモデルは循環的にはたらくことが仮定されています。

なお図 3-4 には掲載されていませんが，学習活動が失敗に終わった場合には一時的なものですが，ネガティブな認知・感情（おもに無力感）が生じます。このような認知・感情は再度の挑戦を志向させ，自ら学ぶ意欲（動機）あるいは見通しの段階にフィードバックされ，新たな目標や見通しのもとに学習活動が展開されます。

(3) モデルの特徴

確認しておきたいのですが，こうした流れを支えるのは「安心して学べる環境」「情報」と，自分をコントロールして主体的に学ぶことを可能にする自己調整学習の重要な要素である「メタ認知」です。メタ認知については，Part 4 で説明しますが，学習場面では「自分の適性等に合わせて学習過程を自律的にコントロールし成功に導く能力」ととらえておけばよいと思います。

メタ認知の発達を考慮すると，このモデルは小学校高学年頃から適用できます。メタ認知がはたらくようになれば，自ら学ぶ意欲は自発性のみでなく自律性や主体性も兼ね備えた「自律的な学習意欲」となります。また，自ら学ぶ意欲のなかでも向社会的な学習意欲によって他者（クラスメイトなど）との助け合いや協力が生じたり，内発的な学習意欲や達成への学習意欲によって深い学びが生じたりしますので，結果として「主体的・対話的で深い学び」が実現・促進されるのです。

なお，自己実現への学習意欲はほかの三つの意欲とは異なり，長期の学習に関係する意欲です。自己決定理論，具体的には目標内容理論における人生（将来）目標もおそらくはこの意欲によって設定されると考えられます。こうした目標が自ら設定できれば，それは内発的な人生（将来）目標であり，その達成をめざして嫌いな学習でも自分で意識的にコントロールして（メタ認知が作用して）学べるでしょう。

さて，こうした説明だけではモデルの流れがつかみにくいと思いますので，実際の授業場面の例をあげます。

小学6年生の茂男君は，理科の授業でローソクが燃え（続け）るにはどのような条件が必要なのか，という話（情報）に興味（知的好奇心）をもち，空気の存在がほんとうに重要な条件であるかどうかについて，確認したいと思いました（動機：自ら学ぶ意欲の内発的な学習意欲）。

そうした思いをクラスメイトに伝えたところ，多くのクラスメイトから支持を得て，みんなで実験をして調べることになりました。ただ，茂男君は一人ではこころもとないということで，隣の席の祐輔君と前の席の登世子さんと協力して実験をすることにしました（見通しの一部）。

教師と相談して実験のやり方を決め（見通し），祐輔君と登世子さんと一緒に実験を行いました（学習活動としてはおもに挑戦活動と協同学習）。実験の途中では，実験のやり方を微調整しました（メタ認知）。その結果，“実験で扱えた範囲”では，どのような場合にも空気の存在が必要な条件であることがわかりました（結果）。

こうしたことを振り返ることによって（振り返り［自己評価］），茂男君は実験が自分たちでできたという満足感とともに，学ぶこと（実験をして仮説を明らかにすること）の「おもしろさや楽しさ」，自分でも結構できるという「有能感」，さらには友達と協力できたことにともなう「自己有用感」，そして自分の夢である理科の教師になりたいという目標に少し近づけたことでの「充実感」を感じることができました。その後，茂男君は実生活においても物が燃える現象に興味をもち，さらに実験や調査をしたい（新たな動機）と思うようになりました。

このモデルの詳細については拙著（櫻井，2020a）を参照してください。学びの「エンゲージメント」（Part 4 参照）の話も登場し，楽しく読めると思います。

なおこのモデルの検討は，櫻井（2009, 2019b）や及川ほか（2009）によってなされています。自ら学ぶ意欲とくに知的好奇心や有能さへの欲求に基づく内発的な学習意欲や達成への学習意欲によって学んでいる場合には，深い学びが生まれ，質的な面を中心に学業成績が高く，さらに思考力や創造力も高いことが認められました。さらに，向社会的な欲求が充足された結果，学校での適応もよく精神的にも健康であることが判明しました。

最後に有能感の効用について少し触れておきます。

ジョン・ハッティの著書『教育の効果』（Hattie, 2009 山森監訳 2018）は，学力に影響する要因をメタ分析（ある要因の効果の大きさを，その要因に関する多くの研究をまとめることで表現する方法）によって分析しました。その結果，学力に強い影響を与える要因として，有能感（自己効力感），教師と学習者の関係，メタ認知方略，目標の設定，動機づけがリストアップされました。これらはいずれも「自ら学ぶ意欲のプロセスモデル」に組み込まれている重要な要因であることがわかりました。

そして子どもの学力にもっとも強く影響するのは，予想通り「有能感（自己効力感）」でした。自ら学ぶ意欲のプロセスモデルのなかでは，有能さの欲求を充足するものという位置づけになっていますが，その影響力については私も以前から強く感じていました。

私が過去に行った二つの研究，具体的には中学 1 年生を対象にした有能感と学業成績の関係についての研究（桜井，1983）と，小学 4 年生を対象にした自己効力感と学力（標準学力検査に基づく測定）の関係についての研究（桜井，1987）ですが，これらによると学業成績や学力にもっとも強い（有能感よりも強い）影響を与えるとされる知能（認知能力）の影響を取り除いても，有能感あるいは自己効力感は学業成績あるいは学力と強く関連していました。こうした研究結果から，有能感あるいは自己効力感の学業成績や学力を予測する力は大きいことを実感していたのです。

■引用文献

Chen, B., Vansteenkiste, M., Beyers, W., Boone, L., Deci, E. L., Van der Kaap-Deeder, J., Duriez, B., Lens, W., Matos, L., Mouratidis, A., Ryan, R. M., Sheldon, K. M., Soenens, B., & Verstuyf, J. (2015). Basic psychological need satisfaction, need frustration, and need strength across four cultures. *Motivation and Emotion, 39,* 216-236.

Deci, E. L. (1971). Effects of externally mediated rewards on intrinsic motivation. *Journal of Personality and Social Psychology, 18,* 105-115.

Deci, E. L., Eghrari, H., Patric, B. C., & Leone, D. R. (1994). Facilitating internalization: The self-determination theory perspective. *Journal of Personality, 62,* 119-142.

Deci, E. L., Koestner, R., & Ryan, R. M. (1999). A meta-analytic review of experiments examining the effects of extrinsic rewards on intrinsic motivation. *Psychological Bulletin, 125,* 627-668.

Deci, E. L., Koestner, R., & Ryan, R. M. (2001). Extrinsic rewards and intrinsic motivation in education: Reconsidered one again. *Review of Educational Research, 71,* 1-27.

Deci, E. L., La Guardia, J. G., Moller, A. C., Scheiner, M. J., & Ryan, R. M. (2006). On the benefits of giving as well as receiving autonomy support: Mutuality in close friendships. *Personality and Social Psychology Bulletin, 32,* 313-327.

Grouzet, F. M. E., Kasser, T., Ahuvia, A., Fernandez-Doles, J. M., Kim, Y., Lau, S., & Sheldon, K. M. (2005). The structure of goal contents across 15 cultures. *Journal of Personality and Social Psychology, 89,* 800-816.

波多野誼余夫・稲垣佳世子（1971）．発達と教育における内発的動機づけ　明治図書

波多野誼余夫・稲垣佳世子（1973）．知的好奇心　中公新書

Hattie, J. A. C. (2009). *Visible learning.* Routledge. 山森光陽（監訳）（2018）．教育の効果　図書文化社

Kasser, T., & Ryan, R. M. (1993). A dark side of the American dream: Correlates of financial success as a central life aspiration. *Journal of Personality and Social Psychology, 65,* 410-422.

Kasser, T., & Ryan, R. M. (2001). Be careful what you wish for: Optimal functioning and the relative attainment of intrinsic and extrinsic goals. In P. Schmuck & K. M. Sheldon (Eds.), *Life goals and well-being: Towards a positive psychology of human striving* (pp.116-131). Hogrefe & Huber Publishers.

Martos, T., & Kopp, M. S. (2012). Life goals and well-being: Does financial status matter? Evidence from a representative Hungarian sample. *Social indicators Research, 105,* 561-568.

Murayama, K., Matsumoto, M., Izuma, K., & Matsumoto, K. (2010). Neural basis of the undermining effect of monetary reward on intrinsic motivation. *Proceedings of the National Academy of Science of the United State of America, 107,* 20911-20916.

西村多久磨（2019）．自己決定理論　上淵　寿・大芦　治（編著）新 動機づけ研究の最前線（pp.45-73）北大路書房

西村多久磨・河村茂雄・櫻井茂男（2011）．自律的な学習動機づけとメタ認知的方略が学業成績を予測するプロセス――内発的な学習動機づけは学業成績を予測することができるのか？　教育心理学研究，*59,* 77-87.

西村多久磨・櫻井茂男（2013）．中学生における自律的学習動機づけと学業適応との関連　心理学研究，*84,* 365-375.

西村多久磨・櫻井茂男（2015）．中学生における基本的心理欲求とスクール・モラールとの関連――学校場面における基本的心理欲求充足尺度の作成　パーソナリティ研究，*24,* 124-136.

Nishimura, T., & Suzuki, T. (2016). Basic psychological need and satisfaction and frustration in Japan: Controlling for the Big Five personality traits. *Japanese Psychological Research, 58,* 320-331.

西村多久磨・鈴木高志・村上達也・中山伸一・櫻井茂男（2017）．キャリア発達における将来目標の役割――生活満足度，学習動機づけ，向社会的行動との関連から　筑波大学心理学研究，*53,* 81-89.

及川千都子・西村多久磨・大内晶子・櫻井茂男（2009）．自ら学ぶ意欲と創造性の関係　筑波大学心理学研究，38, 73-78.

Patrick, H., Knee, C. R., Canevello, A., & Lonsbary, C. (2007). The role of need fulfillment in relationship functioning and well-being: A self-determination theory perspective. *Journal of Personality and Social Psychology, 92,* 434-457.

Reeve, J., Jang, H., Garrell, D., Jeon, S., & Barch, J. (2004). Enhancing students' engagement by increasing teachers' autonomy support. *Motivation and Emotion, 28,* 147-169.

Ryan, R. M., Chirkov, V. L., Little, T. D., Sheldon, K. M., Timoshina, E., & Deci, E. L. (1999). The American dream in Russia: Extrinsic aspirations and well-being in two cultures. *Personality and Social Psychology Bulletin, 25,* 1509-1524.

Ryan, R. M., & Deci, E. L. (2017). *Self-determination theory: Basic psychological needs in motivation, development and wellness.* Guilford Press.

Ryan, R. M., Patrick, H., Deci, E. L., & Williams, G. C. (2008). Facilitating health behavior change and its maintenance: Interventions based on self-determination theory. *European Health Psychologist, 10,* 2-5.

櫻井茂男（1983）．認知されたコンピテンス測定尺度（日本語版）の作成　教育心理学研究，*31,* 245-249.

桜井茂男（1987）．自己効力感が学業成績に及ぼす影響　教育心理，*35*, 140-145.
桜井茂男（2004）．知的好奇心のはたらきと育て方　教育展望，5月号，20-27.
櫻井茂男（2009）．自ら学ぶ意欲の心理学――キャリア発達の視点を加えて　有斐閣
櫻井茂男（2017）．自律的な学習意欲の心理学――自ら学ぶことは，こんなに素晴らしい　誠信書房
櫻井茂男（2019a）．自ら学ぶ子ども―― 4つの心理的欲求を生かして学習意欲をはぐくむ　図書文化社
櫻井茂男（2019b）．学習における「エンゲージメント」とは何か　研究紀要（日本教材文化研究財団），Vol.48, pp.50-55.
櫻井茂男（2020a）．学びの「エンゲージメント」――主体的に学習に取り組む態度の評価と育て方　図書文化社
櫻井茂男（2020b）．非認知能力を育んでより高い学業達成をめざそう――「自ら学ぶ意欲」と「向社会性」に注目して　研究紀要（日本教材文化研究財団），Vol.49, pp.28-34.
櫻井茂男（2021）．無気力から立ち直る――「もうダメだ」と思っているあなたへ　金子書房
桜井茂男・下山晃司・黒田祐二・及川千都子・大内晶子（2005）．自ら学ぶ意欲の測定に関する研究　桝　正幸（代表）21世紀COEプログラム「こころを解明する感性科学の推進」2003年度研究報告書（pp.37-40）
桜井茂男・下山晃司・黒田祐二・及川千都子・大内晶子・新川貴紀・植村みゆき（2006）．自ら学ぶ意欲の測定と発現プロセスの検討に関する研究　桝　正幸（代表）21世紀COEプログラム「こころを解明する感性科学の推進」2004年度研究報告書（pp.119-121）
桜井茂男・新川貴紀・植村みゆき・萩原俊彦・西谷美紀・及川千都子・大内晶子・葉山大地（2006）．自ら学ぶ意欲と創造性の関係についての研究　桝　正幸（代表）21世紀COEプログラム「こころを解明する感性科学の推進」2005年度研究報告書（pp.139-141）
櫻井茂男・大内晶子・及川千都子（2009）．自ら学ぶ意欲の測定とプロセスモデルの検討　筑波大学心理学研究，38, 61-71.
Sheldon, K. M., & Niemiec, C. (2006). It's not just the amount that counts: Balanced need-satisfaction also affects well-being. *Journal of Personality and Social Psychology, 91,* 331-341.
田中秀明・桜井茂男（1995）．一般的因果律志向性尺度の作成と妥当性の検討　奈良教育大学教育研究所紀要，*31,* 177-184.
Williams, G. C., Cox, E. M., Hedberg, V. A., & Deci, E. L. (2000). Extrinsic life goals health-risk behaviors in adolescents. *Journal of Applied Social Psychology, 30,* 1756-1771.

Part 4

自己調整学習の理論と学びのエンゲージメント理論

学び方の視点から動機づけを研究する

ここでは，学び方の視点から，メタ認知を重視する「自己調整学習の理論」と積極的な取り組みを重視する「学びのエンゲージメント理論」を紹介します。

前者の「自己調整学習の理論」は学習理論ですが，動機づけ要因が多く入っており，しかもわが国における学習指導要領との関係も深いため，今後のわが国の教育を考える際にはしっかり学んでおくべき理論です。また後者の「学びのエンゲージメント理論」は理論というほどではありませんが，学習動機づけ分野では比較的新しい枠組みの研究です。ワーク・エンゲージメントの研究を端緒に発展してきました。また，前者同様，わが国における学習指導要領との関係も深く，応用可能性の高い研究です。

第1節　自己調整学習の理論
――メタ認知が学びをコントロールすることに注目した研究

本書は動機づけの入門書であるのに，どうして学習理論を紹介するのかと不思議に思う読者もいるかもしれません。自己調整学習（self-regulated learning）は「学習者が自分自身の学習プロセスとくに動機づけ，メタ認知，行動に対して能動的に関与している学習」（Zimmerman, 1989）と定義されるように，動機づけやメタ認知に注目した理論であるため，ここで紹介することにしました。

自己調整学習研究会（2012）などの自己調整学習に関する一連の著作をみると，自己調整学習は，これまでの多くの分野とくに動機づけや認知・学習の分野における研究成果を統合し，子どもや大人が効果的に学習できるように考案された学習方法の総称です。それゆえ，動機づけを含め効果的な学習方法を考える際にはとても有意義な理論であると考えます。なかでも自己調整学習方略は参考になります。

(1) メタ認知とは

具体的な説明の前に，自己調整学習の定義に登場したメタ認知（meta-cognition）について説明します。“メタ”とは「超えた」「より上位の」「〜についての」という意味をもつ接頭語であり，メタ認知とは簡単にいえば，自分や他者が行う認知活動（たとえば，覚えること）を一段高いところから認知する（とらえる）ことです。一般的には小学校高学年でほぼ獲得されますが，効果的に使えるかどうかは個人差が大きいようです。メタ認知を効果的に使える能力のことをメタ認知能力といいます。

メタ認知は，図 4-1 に示したように，認知にかかわる知識である「メタ認知的知識」と，認知活動をモニターしコントロールする「メタ認知的活動」で構成されます。以下，その内容について，三宮（2018, 2022）や櫻井（2021）を参考に説明します。

メタ認知的知識には，「思考は感情に左右されやすい」のような人間の認知特性についての知識，「抽象的な議論は具体的な議論よりも論点が曖昧になりやすい」のような課題についての知識，「計算ミスを防ぐには検算が役に立つ」のような課題解決の方略についての知識があります。

人間の認知特性についての知識には，「私は批判的な思考が苦手だ」のような自分自身の認知特性についての知識や「後輩は早とちりしやすい」のような他者の認知特性についての知識も含まれます。これらも結構大事な知識です。

一方，メタ認知的活動には，「ここがよくわからない（気づき)」「この質問に

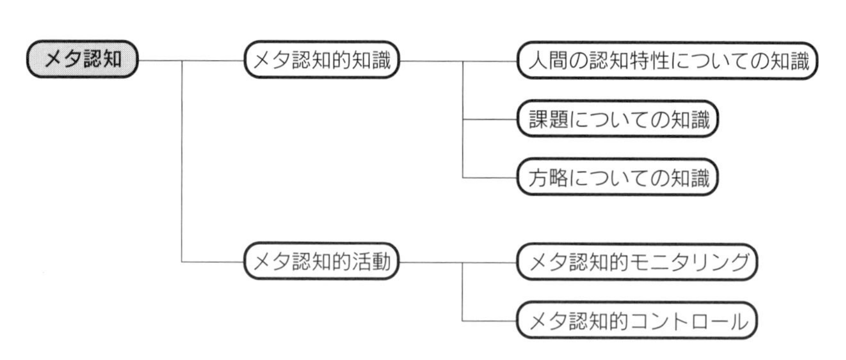

図 4-1　メタ認知の分類（三宮，2018 より作成；櫻井，2021, p.82）

は簡単に答えられそうだ（予想）」「この解き方でよいのか（点検）」「この部分が理解できていない（評価）」のようなメタ認知的モニタリングと，「完璧に理解しよう（目標設定）」「簡単なところからはじめよう（計画）」「この考え方ではうまくいかないから，ほかの考え方をしてみよう（認知の修正）」のようなメタ認知的コントロールがあります。

このように淡々と説明すると，メタ認知的知識を得たりメタ認知的活動を行ったりすることはたやすいと思われるかもしれませんが，実際の学習場面などで効果的に使うには，かなりの訓練が必要です。

(2) 自己調整学習のプロセス

それでは，自己調整学習の具体的な説明に入ります。

ここでは，おもに Zimmerman & Moylan（2009）と塚野（2012）を参考にして，自己調整学習のプロセスをわかりやすく示した循環的段階モデル（cyclical phase model）を紹介します。

モデルの概要は図 4-2 に示されています。このモデルには①予見の段階，②遂行の段階，③内省の段階という三つの段階があり，この順序でフィードバック・ループが構成され効果的な学習ができるように想定されています。また，表

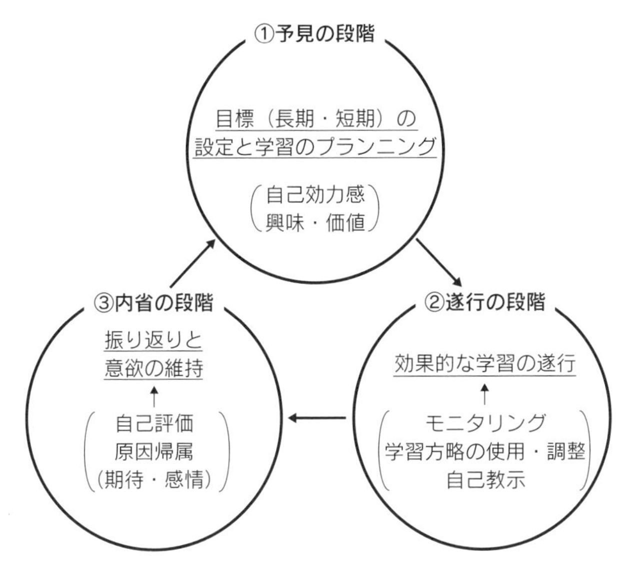

図 4-2　自己調整学習の三つの段階（櫻井，2021, p.120）

4-1 に自己調整学習で使用される方略をあげています。

まず「予見の段階」では，学習の目標（長期や短期の目標）設定と学習のプランニング（方略の計画など）が行われます。学習を遂行する前の準備段階であり，目標を立て，意欲を喚起し，効果的な学習遂行のためにどのような方略を使用するかを決めます。

意欲的に課題に取り組むには，自己効力感が高く，課題に興味があり課題の価値（たとえば，テストでよい点をとるためにこの課題を理解することが大事である）を認識していることが望ましいといえます。この段階では表 4-1 に示されている方略のうち，おもにメタ認知的方略の「プランニング」が使用されます。

こうした準備ができると「遂行の段階」に進みます。効果的な学習を行う段階です。自己調整学習でとくに強調される多様な方略を巧みに使用して，学習課題をスムーズに解決できれば素晴らしいものです。

ここで使用される方略は表 4-1 に示されている「認知的方略」（従来の学習方略，記憶方略，思考方略など）と「メタ認知的方略」（モニタリングと調整）が中心となります。モニタリングによって，使用している方略が適切ではないと判断すれば，新たな方略の使用へと自己調整します。自己教示によって自分を鼓舞することも有効です。

表 4-1 には認知的方略とメタ認知的方略のほかに，「リソース管理方略」が示されています。これは，自分の内と外のリソース（資源）をうまく使用して効果的に学習を進めるための方略です。学習計画を立てて時間管理をしたり，学習に適した環境を自ら用意したり，仲間と一緒に学んだり，教師に援助を求めたり，さらには粘り強く学ぶために気晴らしなどをして努力が持続するようにしたり，といった方略が含まれています。これまでの学習ではあまり強調されませんでしたが，とても有効な方略です。

遂行の段階のつぎは「内省の段階」です。この段階では遂行結果を目標に照らして自己評価し成功・失敗を判断するほか，どうして成功あるいは失敗したかを考え原因帰属をすることもあります。原因帰属によってその後の期待（自己効力感）や価値（感情），学習行動などが影響を受けます。また，自己評価に基づき，つぎの学習に向けて方略の見直しも行われます。自己効力感や学習への興味・関心が維持あるいは高揚すれば，予見の段階に進んでも好循環が期待されます。

表 4-1　ピントリッチの自己調整学習方略のリスト
(Pintrich et al., 1993／伊藤，2012 を一部改変；櫻井，2021, p.121)

上位カテゴリー	下位カテゴリー	方略の内容
認知的方略	リハーサル	学習内容を何度もくり返して覚えること
	精緻化	学習内容を言い換えたり，すでに知っていることと結びつけたりして学ぶこと
	体制化	学習内容をグループにまとめたり，要約したりして学ぶこと
	批判的思考	根拠や別の考えを検討すること 批判的に吟味して新たな考えを得ようとすること
メタ認知的方略	プランニング	目標を設定し，課題の分析を行うこと
	モニタリング	注意を維持したり，自らに問いかけたりすること
	調整	認知的活動が効果的に進むように継続的に調整をはかること
リソース管理方略	時間管理	学習のプランやスケジュールを立てて時間の管理をすること
	環境構成	学習に取り組みやすくなるように環境を整えること
	努力調整	興味がわかない内容や難しい課題であっても取り組み続けようとすること
	ピア・ラーニング	仲間とともに学んだり，話し合ったりして理解を深めること
	援助要請	学習内容がわからないときに教師や仲間に援助を求めること

第 2 節　学びのエンゲージメント理論 ——学びへの積極的な取り組みに注目した研究

学び方という視点から，もうひとつ「学びのエンゲージメント理論」を紹介します。これは学びに積極的に取り組んでいる状態（取り組み方）を複数の側面からとらえようとする理論です。学習指導要領が求めている「主体的に学習に取り組む態度」を測定・評価したり，育成したりする際には有効な理論であると考えます。

なお，この理論では学びに積極的に取り組むということから，動機づけの目標という要素にも推進力という要素にも言及しています。

以下，櫻井（2018, 2019a, 2019b）や外山（2018）を参考に具体的に紹介します。

(1) 基礎的な研究

1) 学びのエンゲージメントとは

ここでいうエンゲージメント（engagement）は，英語の辞書にも出ている「積極的な関与，参加，取り組み」という意味です。したがって学びのエンゲージメントとは，簡単にいえば「学びに対する積極的な取り組み」のことです。

学びのエンゲージメントは，ワーク・モチベーションの研究におけるワーク・エンゲージメントという概念から派生しました。ワーク・エンゲージメントは「仕事の遂行過程において，身体的（行動的），認知的，感情的に自分自身を駆使して表現している状態」（Kahn, 1990）と定義されます。ワーク・エンゲージメントの高い人はバーンアウトやワーカホリックになりにくく，身体的・精神的・社会的に健康であることが明らかにされています（たとえば，Schaufeli & Bakker, 2010）。

近年，教育心理学の分野では“学びにおける”エンゲージメントとして関心がもたれ，少しずつ研究が進められています。学びのエンゲージメントはワーク・エンゲージメントと同様に精神的な健康や適応を促進するといわれますが，学習成果としての学業成績を促進する要因としても注目されています（たとえば，鹿毛，2017）。

これまでの研究（たとえば，Reeve, 2002; 鹿毛，2013; 梅本ほか，2016）によると，学びのエンゲージメントは，課題に没頭して取り組んでいる心理状態であり，言い換えれば，興味や楽しさを感じながら気持ちを課題に集中させ，その解決に向けて創意工夫しながら努力している心理状態といえます。また，このようなとらえ方はどちらかといえば学習場面（状態）に限定された取り組みを指していますが，もう少し安定した“普段の学習活動における積極的な取り組み”（傾向としての学びのエンゲージメント）として扱うこともできます。実際，Reeve & Tseng（2011），梅本ほか（2016），梅本・田中（2017）は，そうした立場から研究を進めています。

学びのエンゲージメントはこれまで，①認知的エンゲージメント，②感情的エンゲージメント，③行動的エンゲージメントという三つの要素でとらえられていました（たとえば，Christenson et al., 2012; Skinner et al., 2009）。これらは学習における意欲的な取り組みを，認知レベル，感情レベル，行動レベルからとらえたものといえます。

なお，のちほど説明しますが，私はこの三つのほかに，社会的エンゲージメントという新たな要素を加えることを提案しています。

2）学びのエンゲージメントにおける三つの要素

◆認知的エンゲージメント

認知的エンゲージメントとは「目標を設定してその達成に向けて学習活動を展開する，そして学習活動がうまく進まないときはやり方などを調整する，最後に学習結果を自己評価する，というような“プロセスとしての学習”にどの程度取り組んでいるか」ということです。少々わかりにくいかもしれませんが，とても大事なエンゲージメントです。

このエンゲージメントの代表的な要素は「目標の設定」「自己調整」「自己評価」になります。「目標の設定」とは，学習の目標をできるだけ自分で設定していることや，自己実現を意識して（自分らしく生きるために）将来の目標を決めていることです。「自己調整」とは，学習活動をモニターしうまく進んでいないときには自ら工夫していることや，自己調整学習方略（認知的方略である“精緻化”や，メタ認知方略である“調整”など。表 4-1 参照）を効果的に用いて学んでいることです。「自己評価」とは，学習の結果を自分で振り返ることや，学習の結果（成功・失敗）の原因について考え，つぎの学習に備えることです。

授業場面を例にとれば，目標をもって授業を受けている，うまく学べないときはその学習方法がよいかどうか考えている，失敗を繰り返さないように振り返りをしているといった状態です。

エンゲージメントの対極は非エンゲージメント（disengagement）と呼ばれますが，認知的な非エンゲージメントとは，この反対の状態であり，自分で目標が設定できない，自己調整ができない，学習結果を振り返ることをしないといった状態です。

◆感情的エンゲージメント

感情的エンゲージメントとは「どの程度，興味や楽しさといったポジティブな感情をともなって学習に取り組んでいるか」ということです。このエンゲージメントの代表的な要素は「興味・関心」と「楽しさ」になります。「興味・関心」とは興味や関心をもって学んでいることや，学ぶことがおもしろくて学んでいること，「楽しさ」とは楽しく学んでいることや，いきいきと学んでいることです。

授業場面を例にとれば，授業で学んでいるときには興味を感じている，授業は楽しいといった状態です。感情的な非エンゲージメントとは，これらの反対の状態で，興味・関心がない，楽しくもない，退屈で仕方なく学んでいる（学ばされている）といった状態です。

◆行動的エンゲージメント

行動的エンゲージメントとは「どの程度，課題に注意を向け粘り強く取り組んでいるか」ということで，このエンゲージメントの代表的な要素は，努力の持続である「粘り強さ」になります。「粘り強さ」とは，あきらめることなく学んでいることや，学び続けていることです。

授業場面を例にとれば，がんばって課題に取り組んでいる，先生の話をもとに一生懸命考えている，という状態です。行動的な非エンゲージメントとは，努力をせず，失敗をするとすぐにあきらめてしまうような状態です。

3）エンゲージメントと内発的動機づけ，フロー，興味との関連

学びのエンゲージメントについてさらに理解を深めるため，ほかの動機づけ概念との異同や関連について説明します。

学びのエンゲージメントは，内発的動機づけと共通性が高いといえます。とくに，感情的・行動的エンゲージメントは内発的な動機づけ（過程）の中心に位置づけられます。興味・関心（感情的エンゲージメント）があって，課題の解決に熱中している（行動的エンゲージメント）学習状態こそ，内発的に動機づけられた状態であるからです。

フロー（flow）のような，何か（この場合は学習）に没頭している状態も，内発的動機づけとほぼ同様であり，学びのエンゲージメントとの共通性が高いと考えられます。

さらに，状態興味という概念もありますが，これもほぼ同様です。もちろん，状態興味が安定した特性興味も同様でしょう。

学びのエンゲージメント理論では，このように動機づけられた状態あるいは特性を，行動面と感情面さらには認知面も含めて精緻にとらえている点が特徴的で

す。

(2) 発展的な研究

1) 四番目の"社会的エンゲージメント"

基礎的な研究では学びのエンゲージメントとして従来通り，認知・感情・行動の三つのエンゲージメントを紹介しました。しかし私は「自ら学ぶ意欲のプロセスモデル」や学習指導要領（文部科学省，2017 ほか）における「主体的・対話的で深い学び」との関係から，新たに「社会的エンゲージメント」が必要であるという結論にいたりました。

社会的エンゲージメントとは，学習場面において「他者（クラスメイトや仲間など）と協力したり助け合ったりして学ぶことが必要あるいは有効であるときに，そのような取り組みをどの程度しているか」ということです。教室などの集団での学習場面で必要なエンゲージメントです。

このエンゲージメントの代表的な要素は，「協力・助け合い」になります。具体的にいえば，クラスメイトと協力して学んでいる，自分が解けない問題ではクラスメイトや教師に援助を求めて学んでいる，クラスメイトが解けない問題では，自分が教えてあげることもしている，などの状態です。一方，社会的非エンゲージメントとは，クラスメイトとは協力しない，クラスメイトができない問題でも知らんふりをしている，自分で問題が解けないときはそのままにしておく，という状態です。

自ら学ぶ意欲のプロセスモデルでは，おもに向社会的な学習意欲や達成への学習意欲によって他者とかかわる学習が生じます。他者を助けたり，他者に助けられたり，さらにはより高い達成を求めて他者と協力したりすることが必要だからです。また，「主体的・対話的で深い学び」を実現するには，もちろん他者とかかわって協働する学習が必要となります。このように考えて社会的エンゲージメントを四番目のエンゲージメントとして位置づけました。

これまでに登場した四つの学びのエンゲージメントをまとめると，表 4-2 になります。

表 4-2　学びにおける四つのエンゲージメント

①認知的エンゲージメント：目標の設定，自己調整，自己評価
②感情的エンゲージメント：興味・関心，楽しさ
③行動的エンゲージメント：粘り強さ
④社会的エンゲージメント：協力・助け合い

2）新たな「主体的に学習に取り組む態度」の測定方法

学びのエンゲージメントとは積極的に学習に取り組み学習に没頭している状態ですので，その態度は「主体的に学習に取り組む態度」とほぼ同義といえます。それゆえ，学びのエンゲージメントという概念を用いてその態度（取り組み方，行動傾向）を測定することは可能であると考えました。

ただし「主体的・対話的で深い学び」を実現するには，すでに説明した通り，向社会的な学習意欲や達成への学習意欲に対応した「社会的エンゲージメント」という新たなエンゲージメントも加える必要があります。こうして作成された「主体的・対話的に学習に取り組む態度」を測定する観点と項目案はつぎの通りです。

◆認知的エンゲージメントに基づく学習態度

学習のプロセスを主体的にコントロールしている（＝認知的要素）という態度です。この態度は「メタ認知」（三宮，2022）の力（自分の学習活動を自分でモニターしコントロールする力）に左右されるため，小学校高学年くらいから徐々に可能になります（櫻井，2020）。もちろん，小学校低学年では教師による指導が必要です。

①目標の設定　項目例：可能な範囲で，自分の目標を設定し学習に取り組んでいる。

②見通し　項目例：授業のねらいや目標を理解し，その達成に向けて，どのように学習すればよいかといった見通しをもって取り組んでいる。

③自己調整　学習指導要領で強調されている要素のひとつ。項目例：学習活動がうまく進むように，学習のやり方などを工夫して取り組んでいる。

④自己評価　項目例：学習結果に基づき，うまくできたかどうか，今後はどうすればよいかなどについて自分で評価（振り返り）をして取り組んでいる。

◆感情的エンゲージメントに基づく学習態度

興味・関心をもって楽しく学習している（＝感情的要素）という態度です。メタ認知が未熟な小学校低学年でとくに重要な態度といえます。

⑤興味・関心　項目例：授業の内容に興味・関心をもって取り組んでいる。

⑥楽しさ　項目例：授業では楽しく学んでいる。

◆行動的エンゲージメントに基づく学習態度

粘り強く学習している（＝行動的要素）という態度です。このエンゲージメントの背景には自己効力感（自分はやればできるという思い）があります。学習指導要領で強調されている要素のひとつです。

⑦粘り強さ　項目例：難しい問題でも，粘り強く取り組んでいる。

◆社会的エンゲージメントに基づく学習態度

他者と助け合ったり，協力したりして学習している（＝おもに社会的要素）という態度です。新たなエンゲージメントに基づきます。

⑧協力・助け合い　項目例：クラスメイトと協力して学んでいる。クラスメイトが解けない問題では，自分が教えてあげることもしている。自分が解けない問題では，教師やクラスメイトにサポートを求めて学んでいる（「自律的援助要請」をして学んでいる）。

◆自己実現への学習意欲による学習態度

自ら学ぶ意欲のプロセスモデルでは，自己実現への学習意欲によって将来の目標が設定され，その実現のために「長期の学習活動」が展開されますが，これは「学習全般」にかかわります。こうした際の「主体的・対話的に学習に取り組む態度」は，学びのエンゲージメントを長期的な視点からとらえることで測定が可能となります。

たとえば，認知的エンゲージメントを用いた③の「自己調整」であれば，“将来の目標（たとえば，あこがれの大学への進学）を達成するために，学習の計画を立てたり，学習の仕方を工夫したりして取り組んでいる”とすればよいでしょう。

3）新たな「主体的に学習に取り組む態度」と学力の関係

学びのエンゲージメントには学業成績や学力を促進する効果があるとされます（たとえば，鹿毛，2017）。この仮説を検討するために，以下のような研究（櫻井，2020）を行いました。

「主体的に学習に取り組む態度」を測定する子ども（小学5，6年生）用の検査を作成し，「主体的・対話的で深い学び」が反映された算数の標準学力検査を用いて，両者の関係を検討しました。その結果，仮説は支持され，主体的に学習に取り組む態度の得点が高い子どもは，低い子どもよりも標準学力検査の得点が明らかに高いことがわかりました。

今後は，知能（認知能力）の影響を除いても同じようなことがいえるのか，さらに縦断的研究によって「主体的に学習に取り組む態度」が学力を促進できるのか，を検討することが必要でしょう。

■引用文献

Christenson, S. L., Reschly, A. L., & Wylie, C. (2012). *Handbook of research on student engagement.* Springer.

伊藤崇達（2012）．自己調整学習方略とメタ認知　自己調整学習研究会（編）自己調整学習——理論と実践の新たな展開へ（pp.31-53）　北大路書房

自己調整学習研究会（編）（2012）．自己調整学習——理論と実践の新たな展開へ　北大路書房

鹿毛雅治（2013）．学習意欲の理論——動機づけの教育心理学　金子書房

鹿毛雅治（編）（2017）．パフォーマンスがわかる12の理論——「クリエイティヴに生きるための心理学」入門　金剛出版

文部科学省（2017）．小学校学習指導要領（平成29年告示）

Pintrich, P. R., Smith, D., Garcia, T., & McKeachie, W. J. (1993). Reliability and predictive validity of the motivated strategies for learning questionnaire(MSLQ). *Educational and Psychological Measurement, 53,* 801-813.

Reeve, J. (2002). Self-determination theory applied to educational settings. In E. L. Deci & R. M. Ryan (Eds.), *Handbook of self-determination research* (pp.183-203). Rochester University Press.

Reeve, J., & Tseng, C.-M. (2011). Agency as a fourth aspect of students' engagement during learning activities. *Contemporary Educational Psychology, 36,* 257-267.

櫻井茂男（2018）．エンゲージメントを大切にする　児童心理（第72巻第8号），24-29.

櫻井茂男（2019a）．［教育の窓］学習における「エンゲージメント」とは　指導と評価，*65*（4月号），45.

櫻井茂男（2019b）．学習における「エンゲージメント」とは何か　研究紀要（日本教材文化研究財団），Vol.48, pp.50-55.

櫻井茂男（2020）．学びの「エンゲージメント」——主体的に学習に取り組む態度の評価と

育て方　図書文化社
櫻井茂男（2021）．無気力から立ち直る――「もうダメだ」と思っているあなたへ　金子書房
三宮真智子（2018）．メタ認知で〈学ぶ力〉を高める――認知心理学が解き明かす効果的学習法　北大路書房
三宮真智子（2022）．メタ認知――あなたの頭はもっとよくなる　中公新書ラクレ
Schaufeli, W. B., & Bakker, A. B. (2010). The conceptualization and measurement of work engagement. In A. B. Bakker & M. P. Leiter (Eds.), *Work engagement: A handbook of essential theory and research* (pp.10-24). Psychology Press.
Skinner, E. A., Kindermann, T. A., & Furrer, C. J. (2009). A motivational perspective on engagement and disaffection: Conceptualization and assessment of children's behavioral and emotional participation in academic activities in the classroom. *Educational and Psychological Measurement, 89,* 493-525.
外山美樹（2018）．課題遂行におけるエンゲージメントがパフォーマンスに及ぼす影響――エンゲージメント尺度を作成して　筑波大学心理学研究，56, 13-20.
塚野州一（2012）．自己調整学習理論の概要　自己調整学習研究会（編）自己調整学習――理論と実践の新たな展開へ（pp.3-29）　北大路書房
梅本貴豊・伊藤崇達・田中健史朗（2016）．調整方略，感情的および行動的エンゲージメント，学業成果の関連　心理学研究，*87,* 334-342.
梅本貴豊・田中健史朗（2017）．授業外学習における動機づけ調整方略，動機づけ要因と学習行動の関連　心理学研究，*88,* 86-92.
Zimmerman, B. J. (1989). A social cognitive view of self-regulated academic learning. *Journal of Educational Psychology, 81,* 329-339.
Zimmerman, B. J., & Moylan, A. R. (2009). Self-regulation: Where metacognition and motivation intersect. In D. J. Hacker, J. Dunlosky, & A. G. Graesser (Eds.), *Handbook of metacognition in education* (pp.300-305). Routledge.

Part 5

向社会的動機づけ理論
他者とのかかわりの視点から動機づけを研究する

他者とのかかわりの視点すなわち社会的な動機づけの視点から，「向社会的動機づけ理論」を紹介します。向社会的動機づけについての心理学的研究は，すでに出そろった感がありますが，以下にはこれまで蓄積された共感に関する研究をベースにしながら，私がまとめたモデルを中心にみていきます。

Part 1 の終わりのほうで，向社会的動機づけ（利他的動機づけ）とそれに関連する向社会的行動や利他行動について，さらに利己的動機づけとそれに関連する利己的行動や利己行動，反社会的行動について用語の説明をしましたので，必要でしたら Part 1 で確認してください。

第 1 節では，向社会的動機づけの中心的な概念となる共感（あるいは共感性）と，共感から向社会的行動にいたる基本的なプロセスを説明します。つぎに，共感から向社会的行動にいたるプロセスを，向社会的欲求（向社会性）を加えたより精緻なモデルとして紹介します。共感は，援助が必要となるネガティブな場面ではたらくことがよく知られていますが，それだけではなく他者が成功して賞賛や応援をしたくなるポジティブな場面でもはたらくことが明らかにされています。こうしたプロセスも説明します。

続く第 2 節では，向社会的動機づけと対になる利己的動機づけの精緻なモデルについて説明します。このモデルでは，向社会的欲求と対になる利己的欲求（利己性）のほか，シャーデンフロイデ（他人の不幸は蜜の味）や妬みが重要な役割を果たします。

なお，以下では，植村ほか（2008）や櫻井（2020）を参考にしています。

第1節　向社会的動機づけの基本概念とそのプロセス

(1) 共感とは

共感あるいは共感性（empathy）とは，簡単にいえば，思いやりの気持ちです。

心理学におけるその定義は，かなり変化してきました。現在では，①「他者の存在や感情の変化に気づき」，そして②「他者の感情や考えなどを理解する（視点取得）」という認知的側面と，それに続く③「他者の感情と同じ感情を自分ももち」，④「他者に対して同情や好感といった感情反応をする」という情動的側面で構成される複合的な概念となっています。

従来は，③の感情の共有を共感と呼ぶことが多かったのですが，現在ではその他の要素も含めて共感ととらえることのほうが多くなっています。また，こうした共感を安定した特性（個人差）としてとらえた場合には，「共感性」と呼ぶことが多いようです。

(2) 共感から向社会的行動にいたる基本的なプロセス

共感の構成要素をふまえ，共感から向社会的行動にいたる基本的なプロセス（図5-1）について，以下のような例を用いて説明します。

仕事を終えた琢磨君は，帰宅するために19時過ぎの電車に乗りました。いつもはそれほど混んでいないのに，どうしたわけかその日はとても混んでいました。そこへおばあさんが重そうな荷物を持って乗車してきました。琢磨君の席からは遠かったのですが，満席状態で多くの人が立っていましたので，おばあさんも荷物を携えて立つことになりそうでした。

そのときです。おばあさんの近くに座っていた50歳くらいの女性が席を譲りました。おばあさんの近くには学生や社会人らしき人が多く座っていましたが，スマホに夢中になっていて，席を譲ったのは座っていた人の中でもっとも年長と思われるその女性でした。おばあさんは「ありがとうございます。助かります」と言ってゆっくりと腰を下ろし，席を譲ってくれた女性と二言三言ことばを交わしていました。

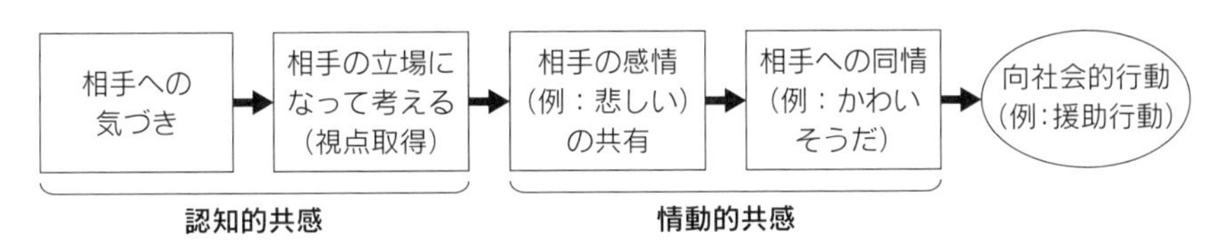

図 5-1　共感から向社会的行動へのおおまかな流れ（櫻井，2020, p.17）
注）□は共感の要素を示す。

1）相手に気づく

上記の例では，50 歳くらいの女性がおばあさんに席を譲るのですが，その行動の端緒は，重そうな荷物を持ったおばあさんが乗車してきて，女性の近くに立ったことにあります。しんどそうな様子のおばあさんの存在に気づかなければ，共感のプロセスははじまりません。この気づく，すなわちしんどそうな表情をした相手の存在に気づくことが，第一歩となります。

この例では，近くに多くの若者が座っていましたが，彼らはしんどそうなおばあさんの存在に気づかなかったため，共感のプロセスの第一歩ははじまらなかったものと予想されます。ただし，彼らはスマホに夢中になっている「ふり」をして，おばあさんに気づかない「ふり」をしていたのかもしれません。気づかなければ席を譲らなくても非難されないとわかっていて，このような行動をとったのかもしれません。

また，おばあさんの存在に多くの人が気づいていたとしても，たとえば「若い人が席を譲るべきだ」，「体力のある男性が席を譲るでしょう」というように，ほかに席を譲るべき（譲るであろう）人がいると考えたとすれば，積極的に席を譲る行動は起こらないでしょう。

2）相手の立場になって考える

しんどそうなおばあさんの存在に気づいただけでは，共感のプロセスは進みません。つぎは，おばあさんの立場になって，おばあさんの感情や考えを推測することが必要です。心理学では，視点取得（perspective taking）あるいは役割取得（role taking）といいますが，相手の視点や役割を取り込むことです。この例では，おそらく女性がこれまでの自分の経験からおばあさんに寄り添い，その感情（しんどい，大変だという感情など）を推測したであろうことが，相当します。

3）相手の感情を共有する

相手の存在や感情に気づき，そして相手の立場になって考える，という二つのステップは認知的な要素ですが，その後に続く二つのステップは情動的な要素です。心理学では，前者を認知的共感（cognitive empathy），後者を情動的共感（emotional empathy）と呼びます（図 5-1 を参照）。

情動的共感の一つ目は，相手（他者）と同じ感情を共有することです。「相手（他者）の感情の共有」といわれることが多いのですが，例では，女性がおばあさんと同様の「しんどい」「大変だ」といった感情を共有することです。厳密にいえば，相手は他者なので同じ感情を共有できているかどうかははっきりしません。おそらく多くの場合は類似の感情を共有していると考えられます。

4）相手に同情する

相手の感情を共有することが起こると，つぎに続くのは相手への「同情」の気持ちで，より正確にいえば「相手（他者）への感情反応」です。つまり，「かわいそう」という気持ちが生じます。上の例では，女性はおばあさんが立っているのはかわいそうだと思い，席を譲ることになったと考えられます。この感情が起こることで，向社会的行動（この場合は席を譲ること）が，始発されやすくなります。

5）共感は賞賛場面でもはたらく

ここまでは，困っている人を助ける場面（言い換えれば，援助を必要とする場面：以下，「援助場面」と呼びます）における共感の要素やそのプロセスを説明してきました。一方，何かがうまくいって喜んでいる他者に対して賞賛したり応援したりする場面（以下，「賞賛場面」と呼びます）でも共感ははたらきます。

たとえば，野球の試合観戦である選手のすごいプレーに見とれ（気づき），その選手の立場になって（視点取得し）うれしいという感情を共有し（相手の感情を共有し），自分はこれからもこの選手やチームを応援していきたい気持ちが起こった（相手への感情反応をした）という場面が，これに該当します。こうした場面では，それ相応の向社会的行動（たとえば，実際に試合の応援に行くなど）が生じます。

(3) 向社会的動機づけのプロセスモデル

つぎは，共感から向社会的行動にいたるプロセスについて「向社会的欲求（向社会性)」に注目しながらより詳しく説明します。

図 5-2 は，「向社会的欲求（向社会性)」が強い場合，すなわち他者や社会に役立つことをしたい気持ちが強い場合に起こる「共感から向社会的行動にいたるプロセス」（モデル）を示したものです。

このモデルでは先に紹介した二つの場面が想定されています。

ひとつは，援助を必要とする「援助場面」で，共感から向社会的行動（援助行動）にいたるものです。もうひとつは，他者が成功する（あるいはよい成績をあげる)「賞賛場面」で，同じように共感から向社会的行動（応援行動など）にいたるものです。

それぞれの場面については後述しますが，その前に図 5-1 と図 5-2 の違いを確認しましょう。図 5-2 には新たに六つの要素が組み込まれ，より詳細なプロセスが示されています。

ひとつめの要素は，向社会的欲求（prosocial need or altruistic need）です。これは他者や社会のためになることをしたいという欲求です。向社会性あるいは利他主義（prosociality or altruism）ともいいます。

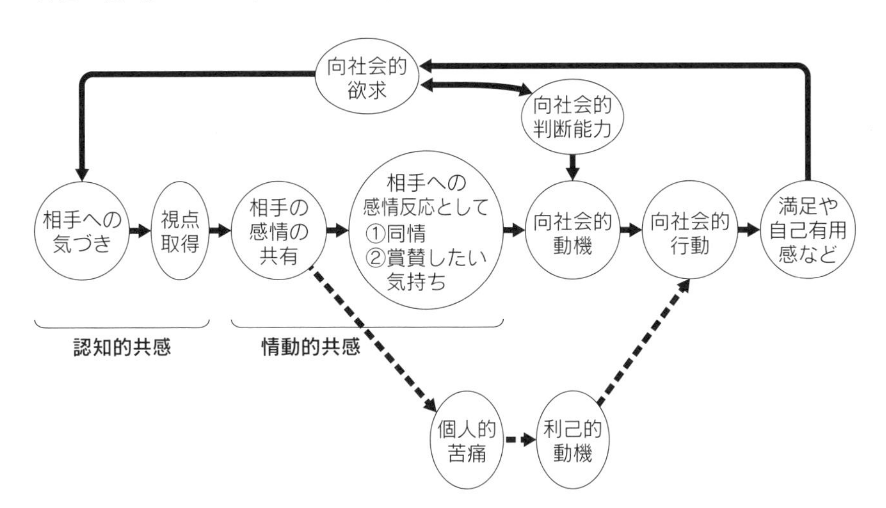

図 5-2　向社会的欲求が強い場合の共感から向社会的行動にいたるプロセス（仮説）
（櫻井，2020, p.33 を改変）

二つめは向社会的判断能力（prosocial judgement ability）です。向社会的行動をするか，するとしたらどのような向社会的行動をするのがよいかなどを判断する能力です。向社会的欲求と相互に影響し，欲求を強めたり，欲求から厳しい判断を迫られたりします。

三つめは向社会的動機（prosocial motive）です。これは，具体的な目標を定めて，その目標を達成するために向社会的行動を起こそうとする動機です。一方，それと対になるのが利己的動機（egoistic motive）です。これは，自分のためになる行動を起こそうとする動機です（向社会的行動が生起するプロセスを説明しているのに，なぜ利己的動機が登場するのか疑問に思われるかもしれませんが，これに関しては後述します）。

さらに，この利己的動機に影響するものとして，個人的苦痛（personal distress）があります。これは，援助を必要とする相手の感情を共有した結果，援助をする側の自分の気分がひどく悪くなったり，とてもつらく感じたりして，大きな苦痛や不安を被ることです。この要素を共感の一部に含めるかどうかには議論の余地がありますが，援助場面で生じる可能性の高い要素であることは確かです。

最後に「満足や自己有用感など」があります。向社会的行動が成功すれば，満足感や自己有用感などを感じ，それらが向社会的欲求を維持したり高めたりします。この部分はPart 1で紹介した動機づけのプロセス（図1-2）にそっています。

1）援助場面で共感から向社会的行動（援助行動）にいたるプロセス

援助場面において共感から向社会的行動（援助行動）にいたるケースは，現実場面でよくみられます。図5-2にそって説明しつつも，前節ですでに説明している内容は省略します。

図5-2は向社会的欲求が強い人の場合を示しています。他者や社会のためになることをしたいと強く思う人は，そうしたあたたかい気持ちで他者を見ることになります。それゆえ，困っている他者に気づきやすく，他者の視点に立ち，他者と同じ感情を共有して他者への感情反応としておもに同情を感じることになるでしょう。そしてその同情の気持ちと，いかにして助ければよいかという向社会的な判断に基づいて，適切な援助行動を見出し，助けようという向社会的動機が生まれます。続いて向社会的行動が喚起され，その行動によって目標が達成され

表 5-1　向社会的動機の形成に影響するおもな要因（櫻井，2020, p.35）

1. 社会化の要因
  ・どんな養育や教育を受けてきたか
  ・どんなスキルを身につけているか　など
2. 状況の要因
  ・危急の事態か
  ・援助者の状態はどうか（気分など）
  ・援助者は自分一人か，それとも複数いるか
  ・自己犠牲（リスク）の程度はどのくらいか　など
3. 援助を求めている人の要因
  ・家族や友人などの親しい人か，それとも見知らぬ人か
  ・子どもか，成人か，高齢者か，障害者か　など
4. 文化的な要因
  ・ことばは通じるか
  ・援助されることをよしとしないか　など

れば満足や自己有用感などを感じ，それが向社会的欲求を充足して向社会的欲求が維持されたり高まったりすると考えられます。

なお，どのような援助をすればよいかの判断をする際には，表 5-1 に示したいくつかの要因（菊池，2014）が関係します。

なお，最近は進化学の影響を受けて，対人関係のあり方（濃さ）の観点から，向社会的行動が向けられる対象を「家族」，「友達」，「見知らぬ他者」に分けた研究が進められています。たとえば，Padilla-Walker & Christensen（2011）によると，友達や見知らぬ他者に対する向社会的行動では同情がひとつの予測因となりましたが，家族に対する向社会的行動では同情はそうした予測因にはなりませんでした。すなわち，家族に対する向社会的行動と家族以外の人に対する向社会的行動は，異なる感情反応やその他の要因によって引き起こされる可能性があります。

一方，日本の大学生を対象にした小田ほか（2013）では，友達や家族に対する向社会的行動は情動的共感（同情もその一部）と関係がありますが，見知らぬ他者に対する向社会的行動にはそのような関係がみられることはなく，Padilla-Walker & Christensen（2011）とは一致しない結果となりました。この領域の研究数はまだ少ないため，さらなる蓄積が必要です。

神経科学の観点からは，見知らぬ他者を助けることに関連する脳部位と友達を

助けることに関係する脳部位は異なることが示唆されており（Krienen et al., 2010; Rameson et al., 2012），家族，友達，見知らぬ他者に対する向社会的行動が生起するしくみにも違いがある可能性は否定できません。

本題に戻ります。共感から向社会的行動（援助行動）へいたるプロセス（図5-2参照）のなかには，異彩を放つ部分があります。

それは「相手の感情の共有→個人的苦痛→利己的動機→向社会的行動（正確には，利他行動）」という部分です。

たとえば，援助場面が交通事故現場などのとても衝撃的な状況である場合，その状況に援助者自身がアップセットしてしまう（個人的苦痛を被る）かもしれません。その結果，交通事故の被害者への同情が生じないわけではありませんが，それよりも自分自身の苦痛の程度が大きく，おそらくはあまり意識せずにその苦痛を解消したいという思いから援助行動（消防署に連絡して救急車を呼ぶなど）が喚起される可能性があります。その行動が被害者を助けることになれば，それは利他行動としての援助行動です。ただし，その動機はどちらかといえば利己的（動機）です。

アメリカの社会心理学者バトソン（Batson, C. D.）は，こうしたプロセスを長年研究してきました。とても巧みな実験（たとえば，Batson, 2011; Toi & Batson, 1982）によって実証的なデータを示しています。

2）賞賛場面で共感から向社会的行動（賞賛行動等）にいたるプロセス

「賞賛場面」は，現実では比較的よくあると思います。他者や社会のためになることをしたいという思いが強い人は，あたたかい気持ちで他者を見ます。たとえば，会社のプロジェクトで成功して喜んでいる同僚を見れば，同僚の視点に立ち，同僚と同じ感情（うれしい）を共有して，同僚を賞賛したい気持ちが生じるでしょう。そして，賞賛したいという気持ちとどのように賞賛や応援をすればよいかという向社会的な判断に基づき，適切な賞賛・応援行動を見出して向社会的動機が喚起されるはずです。続いて，そうした動機に基づいて賞賛・応援行動が起こり，その行動によって当初の目標が達成されれば満足や自己有用感などを感じ，それが向社会的欲求を充足して向社会的欲求が維持されたり高められたりします。

このプロセスは，相手の成功を賞賛したり応援したりするわけですから，相手を助ける援助場面とは異なり，向社会的欲求がそれなりに高くなければ生起しにくいプロセスのようです（たとえば，植村ほか，2008）。

第 2 節　利己的動機づけのプロセスモデル

第 1 節（3）では向社会的動機づけのプロセスについて説明しました。ここではその対極にある利己的動機づけのプロセスについて詳しく紹介します。

図 5-3 をご覧ください。この図は「利己的欲求（利己性）」（あるいは利己的欲求を超えた反社会的欲求）が強い場合における「共感からはじまって利己的行動（反社会的行動を含む）にいたるプロセス」（モデル）を図示したものです。

利己的欲求（egoistic need）とは文字通り，自分のためになることを第一義的にしたいという欲求です。利己性あるいは利己主義（egoism）ということもあります。

じつは利己的動機づけのプロセスでも，先に紹介した共感のプロセスの一部（認知的共感）が関係します。この点は留意する必要があるでしょう。じつは認知的共感はもろ刃の剣なのです。

利己的動機づけのプロセスにも二つの場面が想定されています。

ひとつは援助を必要とする「援助場面」（実際には援助行動は起こらない場面）で，共感の要素である認知的共感から始まり，“いい気味”のような感情（シャーデンフロイデ），そして他者のためではなく自分のためになることをしたいという利己的動機を経て，利己的行動にいたり，その行動に満足したり優越感を覚え

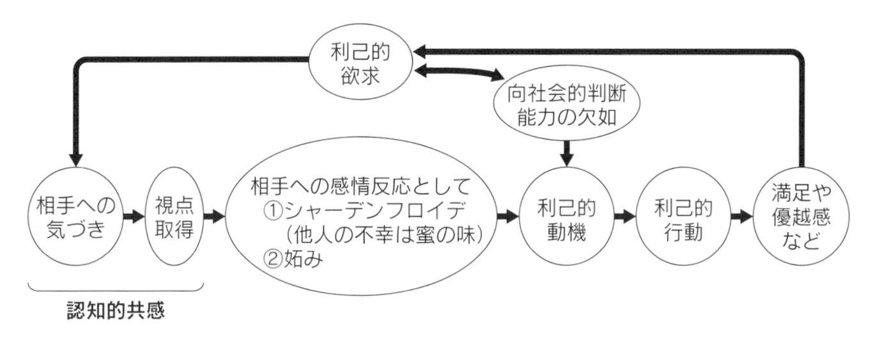

図 5-3　利己的欲求が強い場合の，共感から利己的行動にいたるプロセス（仮説）
（櫻井，2020, p.42 を改変）

たりすれば利己的欲求が充足されるというプロセスです。

もうひとつは，他者が成功して（あるいはよい成績をあげて）本来ならば賞賛するような「賞賛場面」（実際には賞賛や応援は起こらない場面）で，上記と同じように認知的共感から始まり，相手の成功を妬んで（羨ましい，そして許せないという思いをもち），相手のためではなく自分のためになることをしたいとの利己的動機を経て，利己的行動にいたり，その行動に満足したり優越感を覚えたりすれば利己的欲求が充足するというプロセスです。

それぞれの場面について説明する前に，図 5-3 と第 1 節で掲載した図 5-2 との違いを簡単に確認しておきます。

大きく異なるのは二点で，ひとつは「相手の感情の共有」がない点です。相手の感情の共有は情動的共感の最初のステップなので，情動的共感が成立しないことを意味します。

二つめは，相手への感情反応として「シャーデンフロイデ」あるいは「妬み」があげられている点です。シャーデンフロイデ（Schadenfreude）とは，他人の失敗や不幸を見聞きして喜ぶ気持ちで，よく使われるフレーズでいえば「他人の不幸は蜜の味」ということです。一方，妬み（envy，jealousy）は他人の成功や幸福を見聞きして羨ましい，憎らしいと思う気持ちです。いずれの場合も自分が他人よりも劣位にあることが多いようです。

この二点のほかにも，図 5-2 と図 5-3 を細かく比べると，向社会的欲求は利己的欲求に，向社会的動機は利己的動機に，向社会的行動は利己的行動に，「満足や自己有用感など」は「満足や優越感など」になっている点なども異なりますが，これらは前提の違いから生じるものであり，容易に了解してもらえると思います。

(1) シャーデンフロイデを感じて利己的行動にいたるプロセス

援助場面において共感の一部を経て利己的行動にいたるケースは，現実的には少ないと思います。

自分のためになることを第一義的にしたいと強く思う人は，援助場面に遭遇しても，相手のことよりも自分のことが大事であるため，自分のためになるように対処したいと考えるはずです。それゆえ，事がうまくいかなくて困っている他者に気づき他者の視点には立ちますが，他者と同じ感情を共有することはなく，他者の不幸を蜜の味のように感じ，より快感情が高まるような利己的動機をもち，利己的行動を起こしそれが成功すると満足や優越感を感じ，利己的欲求を充足することになるでしょう。

たとえば，同僚が本日分の仕事が終わらなくて困っているような場面では，その状況に気づき，同僚のつらさが理解できてもいい気味，もっと困らせてもっと快感を得たいと思い，同僚の仕事を助けることはなく，場合によってはもっと増やすような対応をして快感情を高めることが予想されます。そうした対応が功を奏すれば，満足感や同僚に対する優越感が高まり，利己的欲求が充足されるでしょう。

なお，シャーデンフロイデという言葉ですが，適切な日本語訳がみつかりませんでした。心理学の文献でもドイツ語のカタカナ書きである「シャーデンフロイデ」が使われていますので，そのまま使いました。

(2) 妬みによって利己的行動にいたるプロセス

賞賛場面において共感の一部を経て利己的行動にいたるケースは，現実的にはきわめて少ないと思います。

自分のためになることを第一義的にしたいと強く思う人は，賞賛場面に遭遇しても，自分が一番大事なため，自分のためになるような対処をします。先の例のように会社のプロジェクトに成功して喜んでいる同僚をみれば，同僚の喜びは理解できても，妬ましさを感じてしまい，同僚を賞賛・祝福するどころかこの期に乗じて貶めてやろう，そして自分が優位に立ってやろうという思いが生じ，具体的には後日同僚がミスをするような難しい仕事を回したり，その同僚が周囲の人のことを無能呼ばわりしているとのうわさを流したりすることなどが起きるかもしれません。そうした対応がうまくいけば，相対的に自分が優位に立てたということで満足し優越感を覚え（劣等感が軽減し），利己的欲求は充足され，さらに高まることも予想されます。ついには，単純な利己的行動ではなく，どちらかといえば反社会的な攻撃行動（たとえば，事故を装って同僚の身体を傷つける）に出る可能性さえあるかもしれません。

なお，ここで説明したシャーデンフロイデや妬みについては，近年研究が盛んになっています。詳しいことを知りたい方は，中野・澤田（2015）やスミス（Smith, 2013 澤田訳 2018）をお読みください。

とくに妬みには「よい妬み」と「悪い妬み」があります（澤田・藤井，2016)。よい妬みの場合には，他者を羨ましく思うものの「自分ももっとがんばろう」とポジティブに対応できますが，悪い妬みの場合には，他者を羨ましく思うがゆえに「自分が優位に立つために他者にダメージを与えてやろう」とネガティブ（ときには反社会的）に対応します。今回扱っている妬みは後者の悪い妬みのほうです。

さて，こうした研究とは直接関係ないのですが，私見として，向社会的行動は相手（被援助者）があることですので，その結果の扱いが結構難しいと思っています。どんなに相手のためになると「思って」行った向社会的行動でも，相手にとっては相手のためにならないことも多いからです。相手にとって無害であればまだよいのですが，相手がその行動を利己（的）行動ととらえたり，相手にとって有害であったりすれば元も子もありません。

ただし，こうした場合でも，被援助者は援助者の向社会的な意図が理解できるときは，ねぎらいのことばをかけることが大事ではないでしょうか。被援助者が援助者の心に寄り添い（共感的に理解して）自分のためにしてくれたことに感謝する気持ちと行動（たとえば，「ありがとう」ということば）があれば，援助者の向社会的行動は増えると思うのですが，どうでしょうか。

(3) 向社会的動機づけと利己的動機づけの要点

最後に向社会的動機づけと利己的動機づけにおける動機の二つの要素についてまとめておきます。いずれの動機でも目標は必ず設定されます。つぎに動機の推進力は，向社会的動機づけでは相手への感情反応としての同情と賞賛したい気持ち，利己的動機づけでは同様の感情反応としてのシャーデンフロイデと悪いほうの妬みが中心になると思われます。

■引用文献

Batson, C. D. (2011). *Altruism in humans.* Oxford University Press. 菊池章夫・二宮克美（訳）(2012). 利他性の人間学――実験社会心理学からの回答　新曜社

菊池章夫 (2014). さらに／思いやりを科学する――向社会的行動と社会的スキル　川島書店

Krienen, F. M., Tu, P., & Buckner, R. L. (2010). Clan mentality: Evidence that medial prefrontal cortex responds to close others. *Journal of Neuroscience, 30,* 13906-13915.

中野信子・澤田匡人（2015）．正しい恨みの晴らし方――科学で読み解くネガティブ感情　ポプラ新書

小田　亮・大　めぐみ・丹羽雄輝・五百部裕・清成透子・武田美亜・平石　界（2013）．対象別利他行動尺度の作成と妥当性・信頼性の検討　心理学研究，*84,* 28-36.

Padilla-Walker, L. M., & Christensen, K. J. (2011). Empathy and self-regulation as mediators between parenting and adolescents' prosocial behaviors toward strangers, friends, and family. *Journal of Research on Adolescence, 21,* 545-551.

Rameson, L. T., Morelli, S. A., & Lieberman, M. D. (2012). The neural correlates of empathy: Experience, automaticity, and prosocial behavior. *Journal of Cognitive Neuroscience, 24,* 235-245.

櫻井茂男（2020）．思いやりの力――共感と心の健康　新曜社

澤田匡人・藤井　勉（2016）．妬みやすい人はパフォーマンスが高いか？――良性妬みに着目して　心理学研究，*87,* 198-204.

Smith, R. H. (2013). *The joy of pain: Schadenfreude and the dark side of human nature.* Oxford University Press. 澤田匡人（訳）（2018）．シャーデンフロイデ――人の不幸を喜ぶ私たちの闇　勁草書房

Toi, M., & Batson, C. D. (1982). More evidence that empathy is a source of altruistic motivation. *Journal of Personality and Social Psychology, 43,* 281-292.

植村みゆき・萩原俊彦・及川千都子・大内晶子・葉山大地・鈴木高志・倉住友恵・櫻井茂男（2008）．共感性と向社会的行動との関連の検討――共感性プロセス尺度を用いて　筑波大学心理学研究，*36,* 49-56.

Part 6

無気力についての理論

心身の健康の視点から動機づけを研究する

ここまでは，おもにやる気がある場合の動機づけ状態に関する理論を紹介してきました。以下では，心身の健康の視点から，やる気がない無気力状態の動機づけ研究について取り上げます。

無気力についての理論としては，学習性無力感理論（learned helplessness theory；略して，LH 理論），その改訂版である改訂学習性無力感理論（reformulated learned helplessness theory；略して，改訂 LH 理論），その発展版である絶望感理論，そしてストレス理論があります。ここでは無気力の原因に焦点をあてて，その説明から各理論の内容を紹介していきます（櫻井，2021 参照）。

第 1 節　無気力をもたらす主要な要因

無気力をもたらす主要な原因には，無力感，絶望感，無目標の三つがあります。まずは「無力感」からみていきます。図 6-1 をご覧ください。

無力感（helplessness）とは，たとえば，失敗やいじめ，ストレス状態というようなネガティブな事態におかれた場合に，それを自分の力ではどのようにも解決や対応ができないと感じるものです。心理学では「ネガティブな事態を自分の力ではコントロールできない，対処できないという認知」と定義されます。無力感の原因は，のちに紹介する学習性無力感理論によって明らかになりました。

自分の力ではコントロールできないことを統制不可能性（uncontrollability）といいます。この用語を使って無力感をいい表すならば，「ネガティブな事態における統制不可能性の認知」となるでしょう。

無気力をもたらす主要な原因の二番目は，絶望感（hopelessness）（図 6-1 参照）です。無力感を感じるだけの段階では，無気力は一時的なものですが，無力

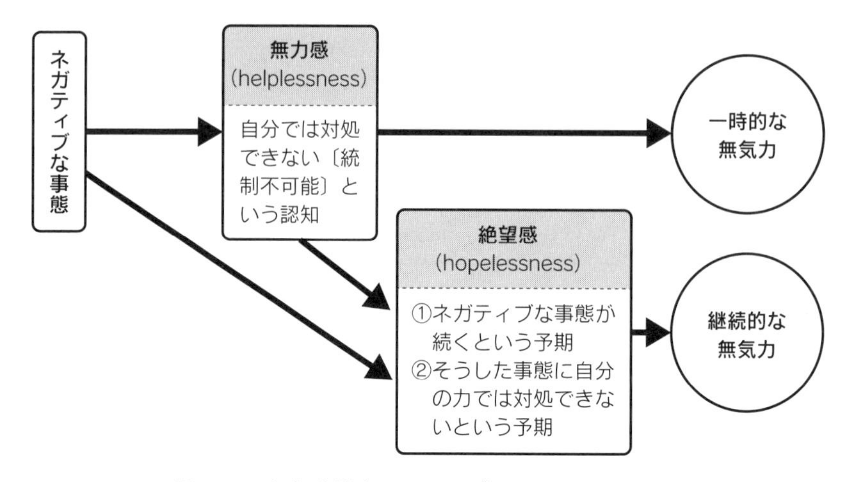

図 6-1　無気力発生のメカニズム（櫻井，2021, p.20）

感が継続されているうちに生じる絶望感となれば，無気力も継続されます。絶望感とは，わかりやすくいえば，これからもずっと無力感が続くであろうという思いです。心理学では，絶望感とは，将来にわたって①ネガティブな事態が続き，②そうしたネガティブな事態を自分の力ではコントロールできないという予期ということになります。この原因は，学習性無力感理論でも予想されたのではないかと私は考えていますが，絶望感理論（hopelessness theory）においてはじめて，用語として明確に示されました。

このようなとらえ方をすると，無気力とは「無力感あるいは絶望感によってもたらされるよくない症状のひとつで，意欲が低下した状態」であると表現できます。じつは無力感や絶望感によってもたらされる症状は，意欲の低下だけではありません。①疲労や頭痛という身体的反応，②悲観的になる，不安になる，怒りっぽくなるという感情的反応，③自己肯定感や自尊心が低下するという心理的反応，そして④引きこもり，不眠，反抗という行動的反応も，無力感や絶望感から引き起こされることがあります。

無力感や絶望感が形成される際に鍵となるものは，原因帰属です。この場合の原因帰属とは，ネガティブな事態がもたらされた原因を何によるものであると結論づけるかです。能力不足に原因を求めると無力感や絶望感が形成されやすくなりますが，努力不足に原因を求めると無力感や絶望感は形成されにくくなります。

無気力をもたらす三番目の原因は無目標（no goal）です。これは Part 1 で紹介した動機のとらえ方，つまり動機が目標と推進力から構成されることから直接導き出されます。無力感や絶望感は推進力（がないこと）と関係しますが，無目標とは文字通り目標がないことです。

やればできるという（自己）効力感があったとしても，目標がもてない無目標の状態であれば，行動のうえでは何もしない無気力と同じ状態になります。たとえ他者から与えられた目標であってもよいのですが，目標が設定できなければやる気は起こりません。やる気を起こさせるためには，やればできるという効力感に加えて目標の設定が必要なのです。

第 2 節　無力感と絶望感はいかにして発見されたのか

(1) セリグマンらによる実験

1967 年に刊行されたセリグマン（Seligman, M. E. P.）とその協同研究者による論文（Overmier & Seligman, 1967; Seligman & Maier, 1967）を端緒として，無気力の研究は急速に進歩しました。彼らは，イヌに避けることができない電気ショック（統制不可能なネガティブな刺激）を何回も繰り返し与えると，その後に電気ショックを避けることができる別の場面に置かれても避けようとせず，甘んじて受け続ける現象を発見し，こうしたイヌの状態を学習性無力感（learned helplessness）と名づけました。このような動物実験によって，学習性無力感が無気力の原因となることが発見されたのです。

(2) 学習性の無力感・絶望感は人間にも生じる

イヌで生じた学習性無力感や絶望感は人間においても生じるのかという問題を，セリグマンの共同研究者の一人であるヒロト（Hiroto, D. S.）は，大学生を対象とした類似の実験で検討しました（Hiroto, 1974）。この実験では電気ショックの代わりに 30 回程度の不快な雑音が，その後に実施される回避訓練の代わりに課題遂行テストが用いられました。

その結果，前述のセリグマンらのイヌの実験と同じように，不快な雑音を自ら統制できなかった群の課題遂行成績がもっとも悪い結果となりました。こうした結果から，人間でも統制できないネガティブな刺激が続くと無力になることが確認されました。また，不快な雑音のような生理的にネガティブな刺激だけでなく，成功できない（統制できない）認知課題でも同じように無力な状態になることが見出されました（たとえば，Hiroto & Seligman, 1975）。

しかし，その後の人間を対象とした研究では無力にならないケース（たとえば，Roth & Bootzin, 1974）も報告されました。人間の場合には，無力感や絶望感の形成にはさらに何らかの要因が関係しているという予想のもとに研究が続けられました。

そして，この最たる要因こそ「原因帰属」であることがわかりました。

(3) 人間の無力感と絶望感は原因帰属で決まる

学習性無力感や絶望感の研究では，図 6-1 に示したように，ネガティブな事態を自分ではコントロールできないと認知したときに無力感が生じます。もう少し詳しくいえば，ネガティブな事態をコントロールできないという認知は，ネガティブな事態をもたらした「原因」を自分ではコントロールできないという認知がもとになって生じることが多いといえるでしょう。それゆえ，ネガティブな事態において，その原因を統制不可能な要因に求めると無力感が生じ，そして少なくとも一時的な無気力が生じると予想されます。

さらにその原因が，将来も続くような「安定」した要因であれば，将来も同種の事態を自分ではコントロールできないため，ネガティブな事態が続くであろうという予期（図 6-1 参照）も起こり，絶望感が生じると考えられます。そして，継続的な無気力の発生も予想されるわけです。

また，その原因が，広い範囲に及ぶ「一般」的な要因であれば，生じる無力感や絶望感も広範囲になりますし，その原因が自分の「内側」にある要因（おもに能力や努力）であれば，自尊感情の低下を招くと考えられます。自尊感情の低下は，無力感や絶望感の形成に直接は関係しませんが，その程度を深刻なものにする可能性は高いでしょう。

以上のように，無力感や絶望感の形成には，統制不可能性を次元の一つに含めるとした場合，原因帰属における四つの次元，すなわち統制可能性の次元，安定性の次元，全体性の次元（これは，前述した「ワイナーの原因帰属を導入した達成動機づけ理論」の紹介ではみられなかった次元です），内在性の次元が関係していることがわかります。そして，ネガティブな事態の原因を，統制不可能で安定的で全体的で内的な要因に帰属することにより，無気力が生じます。以上をま

表 6-1　失敗事態における能力帰属が無力感・絶望感の形成等に及ぼす影響（櫻井，2021, p.40 を改変）

原因の次元など	無力感・絶望感との関係
統制不可能性	無力感・絶望感の形成に寄与
安定性	絶望感の形成に寄与
一般性	無力感・絶望感が形成される範囲を決定
内在性	自尊感情の低下

とめると，表 6-1 のようになります。

具体的には，試験で悪い点をとった場合の原因を能力不足（統制不可能，安定的，全体的，かつ内的な要因）に帰属する傾向が強いと，無気力になりやすいということです。ただし，これは能力が変化しない固定（安定）したものととらえた場合（「固定的能力観」といいます）ですが，能力が努力などによって伸びるものととらえた場合（「可変的能力観」といいます）には異なります。それは，努力をすれば能力が伸び，失敗から抜け出せると考えられるからです。

こうした原因帰属の考え方が学習性無力感理論に導入され，改訂学習性無力感理論（reformulated learned helplessness theory）が誕生しました。このような進展は，ワイナーによる原因帰属を導入した達成動機づけ理論（Part 2 参照）があればこその進展と考えられます。

(4) ストレスでも無力感や絶望感は起こる

学習性無力感の研究が進展している同時期に，ストレスについての研究も進んでいました。日常的に使われているストレス（stress）ということばには，二つの意味が含まれます。それらは，「いやな出来事」と「いやな出来事によって引き起こされる心身のよくない症状」です。図 6-2 の上部の「ストレスの基本的なとらえ方」をご覧ください。

たとえば，仕事で失敗して大きな損失を出してしまい，出社できないほど落ち込んでしまったという場合，いやな出来事は，仕事での失敗で大きな損失を出してしまったことであり，いやな出来事によって引き起こされるよくない症状とは出社できないほどの落ち込みということです。

図 6-2 に示した通り，心理学ではいやな出来事をストレッサー（stressor），いやな出来事によって引き起こされる心身のよくない症状をストレス反応（stress

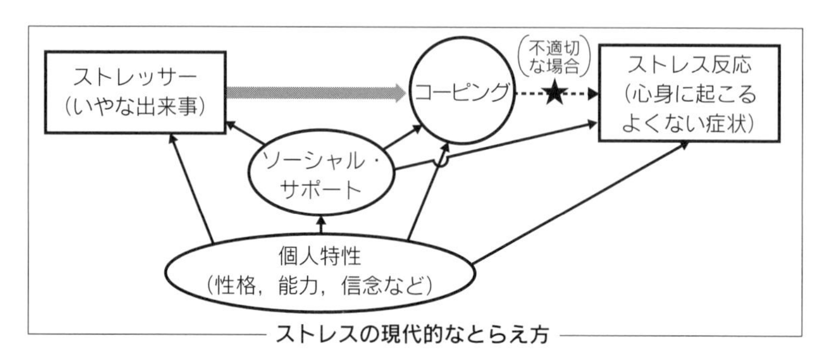

図 6-2　ストレスのとらえ方（桜井，2005 を改変；櫻井，2021, p.28）
注）★に「無力感・絶望感」が入ると考えられる。

response）といいます。したがって，ストレスとはストレッサーからストレス反応にいたるプロセスを指し，ストレッサーもストレス反応もストレスの一部といえます。

その後，ストレスの研究も大きな進歩を遂げ，ストレスのとらえ方も図 6-2 の「ストレスの現代的なとらえ方」となりました。先に紹介した「ストレスの基本的なとらえ方」と比べると，三つの要因が追加されています。それらは，①コーピング（対処），②ソーシャル・サポート（社会的支援），③個人特性で，ストレッサーとストレス反応の間に介在し，ストレッサーがストレス反応に及ぼす影響を左右する要因となっています。

一番目のコーピング（coping：「対処」ともいう）は，「対処行動」ということも多いのですが，「行動」だけでなく認知による対処も含まれますので，コーピングと称したほうが適切です。認知によるコーピングには，いやなことを考えないようにする，仕方がないからあきらめるなどがあります。

ストレッサーが発生しても，それにうまく対処できればストレス反応を引き起こさずにすみます。コーピングはストレス反応に直接影響を与える重要な要因です。コーピングとしてはつぎのようなものがあります。

①積極的対処：問題の解決に向けて積極的に取り組むこと。

②思考回避：問題について考えることをやめること。

③サポート希求：周囲の人に援助を求めること。

④あきらめ：仕方がないとあきらめること。

このうち，①と③はおおむね適切なコーピングであり，重大なストレス反応にはつながりません。一方，②は一時的なコーピング，④はどちらかといえば最終的に不適切な結果を招くコーピングといえます。

二番目のソーシャル・サポート（social support：「社会的支援」ともいう）は，周囲の人たちからサポートされていることです。具体的には，いやなことが起きたときに頼りになる人がいるとか，そうした人に助けてもらえるということです。

三番目の個人特性とは，その人がもっている個性と考えられます。具体的には，パーソナリティ（たとえば，悲観的あるいは楽観的な性格や過敏あるいは鈍感な性格），能力（たとえば，知的能力や運動能力），信念（たとえば，効力感・有能感や完璧主義的な志向）などが含まれます。これらは図 6-2 に示されている通り，ストレッサーの認知，ソーシャル・サポートのあり方，コーピングのあり方，そしてストレス反応の程度に影響します。

ところで，このストレス研究の成果を改訂学習性無力感理論に取り込んでバージョンアップしたものが，絶望感理論（たとえば，Abramson et al., 1989）です。ストレス研究とくに抑うつの素因ストレスモデル（diathesis-stress model of depression）（たとえば，坂本，1997; 丹野，2001 参照）の成果が吸収され，理論は抑うつを広く予測する一般的な理論へと進化しました（櫻井, 2009 参照）。

第 3 節　「目標がもてないこと」が無気力の三番目の原因

無力感や絶望感が形成されていない場合でも，これから取り組むことになる仕事や学習に対して目標が設定できなければ，無気力と同じ状態を呈してしまいます。目標が設定されなければ，やればできるという効力感があったとしてもそれが発揮できません。そのような無目標による無気力状態について説明します。

Part 1（図 1-1 参照）で，動機の基本的な要素として目標と推進力があると紹介したことを思い出してください。動機はベクトル量にたとえられ，矢印で示されました。そして矢印には「方向」と「大きさ」があり，これらを動機に対応させると，方向は目標に，大きさは目標の達成に向けて行動を起こし持続する推進力になります。後者の推進力は効力感と強く関係しています。意欲がない無気力のときは，これがほぼゼロとなり，もちろんそのときには目標が設定できません。

一方，この推進力がゼロでなくても，目標が設定できなければ行動は始発されません。この状態は「無気力」と同じ状態であると考えられます。繰り返しになりますが，何かやりたいという気持ちや，やればできるという気持ちはあっても，目標が定まらないと実際の行動は起こらないのです。何かやりたいとか，やればできるという気持ちがあるがゆえに，むしろ悶々とした「やりきれない」状態といえるでしょう。

こうした「無目標」の状態は身の回りに案外多いのではないでしょうか。受験勉強はしたいが志望校が決められずに悶々としている状態や，仕事はしたいが上司が割り当てを決めてくれないので取りかかれない状態などが考えられます。

また，子どもの学習でも，日々の学習の目標はあるけれども将来の目標や夢がないため，いま一歩積極的に取り組めないという状態もこれに似ているように思います。近年，動機づけの心理学では，キャリア発達との関連で「人生や将来の目標」を設定することの重要性が指摘されていますが，まさに「無目標」はそのこととも関係しています（たとえば，櫻井，2019, 2020）。

■引用文献

Abramson, L. Y., Metalsky, G. I., & Alloy, L. B. (1989). Hopelessness depression: A theory-based subtype of depression. *Psychological Review, 96,* 358-372.

Hiroto, D. S. (1974). Locus of control and learned helplessness. *Journal of Experimental Psychology, 102,* 187-193.

Hiroto, D. S., & Seligman, M. E. P. (1975). Generality of learned helplessness in man. *Journal of Personality and Social Psychology, 31,* 311-327.

Overmier, J. B., & Seligman, M. E. P. (1967). Effects of inescapable shock upon subsequent escape and avoidance responding. *Journal of Comparative and Physiological Psychology, 63,* 28-33.

Roth, S., & Bootzin, R. R. (1974). Effects of experimentally induced expectancies of external control: An investigation of learned helplessness. *Journal of Personality and Social Psychology, 29,* 253-264.

坂本真士（1997）．自己注目と抑うつの社会心理学　東京大学出版会

櫻井茂男（2009）．自ら学ぶ意欲の心理学——キャリア発達の視点を加えて　有斐閣

櫻井茂男（2019）．自ら学ぶ子ども―― 4つの心理的欲求を生かして学習意欲をはぐくむ　図書文化社

櫻井茂男（2020）．学びの「エンゲージメント」――主体的に学習に取り組む態度の評価と育て方　図書文化社

櫻井茂男（2021）．無気力から立ち直る――「もうダメだ」と思っているあなたへ　金子書房

Seligman, M. E. P., & Maier, S. F. (1967). Failure to escape traumatic shock. *Journal of Experimental Psychology, 74,* 1-9.

丹野義彦（2001）．エビデンス臨床心理学――認知行動理論の最前線　日本評論社

第Ⅱ部

動機づけ研究はどのように役立てられるか

動機づけ理論の応用

Part 7

学校で動機づけ研究を活かす

第Ⅱ部では，動機づけ研究の多様な知見を実生活にどのように活かすことができるのか，その方法やヒントについて紹介します。

Part 7では学校場面において，Part 8では職場，家庭などの場面において，その集団のなかで動機づけ研究を活かす方法を提案します。私のおもな研究分野は「子どもの学習動機づけ」であることから，その内容は，学級での学習動機づけや子育てと関連しての学習動機づけが中心になります。また Part 8では最後に，近年関心が高まっているボランティア活動に関する動機づけもみてみます。Part 9では，子どもの動機づけの発達に焦点をあてます。Part 10では，心身の健康を増進するための方策を，具体例とともに提案します。

まず，学校の中で動機づけ研究の成果を活かす方法として，学習への動機づけとそれ以外での動機づけに分けて紹介します。

第1節　学習への動機づけ

学校における子どもの学習への動機づけに影響する要因，とりわけ動機づけを高める要因について具体的に検討していきます。

第Ⅰ部理論編とのつながりから（1）自律性を重視する理論から，（2）その他の動機づけ理論から，の二つに分けます。

(1) 自律性を重視する理論から

現在，自己決定理論やそれにみなもとをもつ自ら学ぶ意欲についての理論が比較的よく研究されています。ここではそれらの知見を中心に考えます。

1）安心して学べる対人環境をつくる

自ら学ぶ意欲についての理論では，自ら学ぶ意欲が発揮されるためには「安心して学べる環境」が重要とされます。また，自己決定理論を構成する基本的心理欲求理論でも，基本的心理欲求のひとつである「関係性の欲求」の充足が，安心して学べる環境，とくに対人的に安心して学べる環境の形成に寄与しているとされます。まずはこうした環境を用意すること，あるいは子どもたちが自らよい環境をつくれるようにサポートすることが大事です。

安心して学べる環境としては，対人的な面で教師やクラスメイトとの関係が良好であること，そして物理的な面では温度や湿度，照明等が整った教室環境であることが必要です。とくに現在のわが国では，対人的な面での安心できる環境が重要といえます。

対人的な面での環境として重要視されるのは，教師との信頼関係とクラスメイトとの信頼関係です。ここでは教師との信頼関係について考えます。

教師と子どもの信頼関係は，教師が子どもを信頼すると同時に子どもが教師を信頼することで成立します。私はそのなかでも教師が子どもを信頼することが大事であり，教師が子どもを信頼するようになれば，子どもも教師を信頼できるようになると考えます。

ライアンらの一連の研究（Ryan & Connell, 1989; Ryan et al., 1994）によると，教師への信頼感や安心感が高かった中学生は，自律的な学習意欲と向社会的な学習意欲も高かったことが報告されています。子どもが教師を信頼していれば，おそらくは教師も子どもを信頼しているため，教師は自信をもって学習指導ができ，一方の子どもは安心して学習活動が展開でき，その結果として，子どもには自律的な学習意欲や他者とともに学ぶ意欲が高まることが推察されます。

私どもの研究（村上ほか，2012; 村上ほか，2013）でも同様でした。子どもが教師を信頼できれば，教師による指導は有効にはたらき，子どもの学習への動機づけも高まるようです。その背景には教師が子どもを信頼しており，自信をもって指導ができるという状況があると考えられます。

2）自律性を支援する

自己決定理論を構成する有機的統合理論や基本的心理欲求理論によれば，学校での学習活動において子どもの自律性を支援できれば，子どもの学習意欲は自律的な動機づけになることが期待できます。

自律性の支援とは，自律性の欲求を充足することはもちろんですが，関係性の欲求と有能さへの欲求も充足することが必要です。この三つの心理的欲求が充足されている学習状態とは，どんな状態でしょうか。

たとえば，クラスメイトとの関係が良好で安心して学習ができ（関係性の欲求の充足），自分から積極的に学習課題に取り組み（自律性の欲求の充足），そしてその結果として学習課題が上首尾に解決された（有能さの欲求の充足）というような状態です。

さらに，自ら学ぶ意欲についての理論によれば，こうした三つの心理的欲求（自ら学ぶ意欲についての理論では，有能さへの欲求と自律性の欲求はひとつとしてカウントされているため，二つの心理的欲求となります）のほかに，向社会的な欲求や自己実現の欲求も充足されることが望ましいとされます。これらの心理的欲求も自ら学ぶ意欲となって学習を動機づけるからです。

向社会的な欲求は，具体的な目標をもつことで向社会的な学習意欲となり，自己実現の欲求も，具体的な目標をもつことで自己実現への学習意欲となり，いずれも子どもの学習を動機づけます。たとえば，クラスメイトを助けて一緒に課題を解くことが目標になった場合には，そのクラスメイトのために，わかりやすい解き方で一緒に話をしながら一生懸命課題解決に励むでしょう。また，将来教師になりたいがために課題を解くことが目標になった場合には，教師への道を一歩ずつ歩んでいるという実感とともに懸命に課題解決に取り組むのではないでしょうか。

自律性の支援は「言うは安く行うは難し」と形容されます。それでも教師にはとくに重要な支援であり，日々の研鑽が必要です。

私も大学生や大学院生の指導では，思うような自律性の支援ができないことがありました。いま思うと，学生や院生の立場を理解して指導をすること，すなわち共感的な理解に基づいて指導をすることが大事であると感じています。

なお，少し古い研究になりますが，教師のリーダーシップとの関連をみた研究（Deci et al., 1981; 杉原・桜井，1987）によれば，教師が自律性を支援するタイプのリーダーシップを発揮する場合には，教師が子どもをコントロールしようとするタイプのリーダーシップを発揮する場合よりも，子ども（小学生）の内発的な学習意欲は高いことがわかりました。さらに，教師がPM理論（三隅，1976）

における M 機能（クラスの子どもにおける人間関係を大事にする機能：ちなみに P 機能とはクラスの子どもの成績向上を重視する機能）を重視するリーダーシップを発揮する場合には，それをあまり発揮しない場合に比べて，子どもの内発的な学習意欲が高いことも明らかになりました。

さらに，実験室での研究（Deci et al., 1982）ではありますが，教師が管理されると子どもへの教育も統制的になることが示されています。教師自身が自律的であることが，子どもに対する自律性の支援でも大事であると考えられます。

ところで，教師が子どもを対象に自律性の支援をする場合，小学校中学年くらいからは子どもが自律的に学習を進められるように「自己調整学習」のやり方を身につけさせることが重要です。なお，その一部として自己調整学習方略の使用がありますが，この方略のうちシンプルな学習方略（リハーサルなどの記憶方略）などは，低学年から利用できます。

自己調整学習については，Part 4 で説明しましたが，教室場面での具体的な流れを想定した自ら学ぶ意欲のプロセスモデル（図 3-4）のなかにも導入されています。すなわちこのモデルのなかに示された「目標の設定（動機の形成）から振り返り（自己評価）」までの過程を，子ども自身が自分でコントロールしてできるようになればよいということです。

そのためにはまず，小学校中学年くらいから教師がメタ認知の役割を代行して模範を示し，それを子どもがモデリングするというフェーズが必要です。つづく小学校高学年くらいからは，子どもが自分の諸特性（長所，短所，興味，適性など），課題の特性（記憶型か思考型かなど），自己調整学習方略などについて知り（メタ認知的知識をもち），そうした知識を実際の学習場面で適宜使う（メタ認知的活動をする）という訓練のフェーズが必要です。

もちろん，こうした訓練には試行錯誤がつきものです。励ましながら習得できるように指導しましょう。なお，最初のうちは設定された学習目標が子どもにとって興味深いものであるほうがよいでしょう。自己調整学習ができるようになれば，子どもは「自律的な学習者」となります。その後の人生でもこの学習を通して自己成長していけます。

なお現在，文部科学省は「個別最適な学び」の実現をひとつの教育目標としてあげていますが，この実現にも自己調整学習の習得が不可欠です。自己調整学習は基本的に各自にとって最適な学習を保障するものです。

3）外的報酬を上手に使う

自己決定理論を構成する認知的評価理論では，内発的動機づけに及ぼす外的報酬の効果が扱われました。外的報酬は大きく言語的な報酬と物質的な報酬に分けられます。言語的な報酬とはほめ言葉（賞賛）のことで，具体的には「よくできたね」とか「すごいね」といった言葉がけです。一方，物質的な報酬とはご褒美のことで，具体的には食べ物や賞状，金銭などです。

これまでの代表的な研究（Deci, 1971, 1972; Lepper et al., 1973）によると，ほめ言葉は内発的な学習意欲を損なうことはなく，むしろ高める効果があります。一方，物質的な報酬は，図 7-1 に示されているように，無気力な状態や他律的な学習意欲が高い状態では意欲を高める方向に作用しますが，自ら学ぶ意欲（とくに内発的な学習意欲）が高い状態ではその意欲を削ぐ方向に作用します。

前者の言語的な報酬の効果は「エンハンシング効果（enhancing effect）」，後者の物質的な報酬が内発的な学習意欲を低減する効果は既述の通り「アンダーマイニング効果」といいます。したがって，こと内発的な学習意欲を高めるためには言語的な報酬のほうが望ましいといえるでしょう。

ただ，私が大学院生時代に行ったこの種の研究から（桜井，1984, 1987, 1989a, 1989b），物質的な報酬は「同じような課題に対する興味（内発的な学習意欲）」を低減しますが，物質的な報酬にともなって形成される有能感によって，より高い達成をめざす達成への学習意欲は高まることがわかりました。すなわち，同種の課題への興味はなくなっても，「少し異なる種類の課題であれば，それに対して現状よりも少し難しい課題にトライしたいという意欲（達成への学習意欲）」になって現れることがわかったのです。

いずれの外的報酬でも有能感は高まります。しかし，物質的な報酬を与え続け

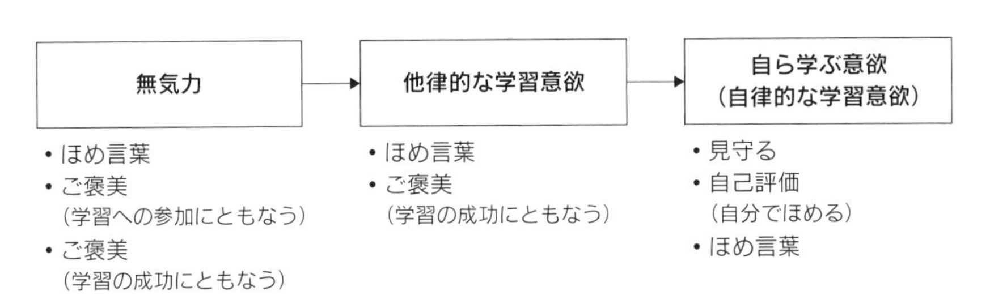

図 7-1　それぞれの学習意欲に適した報酬（櫻井，2017, p.125）

ると課題への興味を低下させてしまう可能性が高いのです。

このことはよく理解しておいたほうがよいと思います。たとえば，ある課題に異常に強い興味があるのにほかの課題には全く興味を示さない子どもには，物質的な報酬をうまく与えることで興味の幅を広げられる可能性もあります。

また，先に紹介した通り，内発的な学習意欲の高い場合にのみアンダーマイニング効果が発生しますので，そうでない「無気力な状態や他律的な学習意欲が高い状態」では物質的な報酬もそれなりに効果的であるといえるでしょう。要は，子どもがもっている動機づけ状態に応じて，外的報酬を効果的に使用することが大事だということです。図 7-1 はその参考になると思います。

さらに幼児期から児童期くらいまでの物質的な報酬の使い方については，つぎのことがいえます。

3 歳くらいまでの幼児期前期においては，認知能力が未熟なため，アンダーマイニング効果はまず生じないと思います。その後の幼児期後期でも，物質的な報酬で釣って当該報酬を与えるようなことをしなければ，たとえば，「つぎのパズルができたらおやつに大好きなアイスクリームをあげるね」というような約束をして報酬を与え続けなければ，ネガティブな効果はほぼないと考えます。また児童期以後でも，たまに与える約束なしの物質的な報酬（お土産やプレゼントなど）はまったく問題がないといえるでしょう。

最後に確認ですが，言語的な報酬についても物質的な報酬と同様で，言語的な報酬が目的，すなわちほめてもらうことが目的になると，内発的な学習意欲は低下してしまいます。

4）効果的に評価する

動機づけに及ぼす評価の仕方の影響は，海外ではあまり検討されていませんが，わが国では比較的よく検討されています。以下に櫻井（2017）を参考にまとめます。

評価は「評価の主体」と「評価の基準」によって分類することができます。評価の主体は，他者と自分（自己）です。他者が評価をする場合は他者評価といい，教師や仲間による評価が典型例となります。一方，自分が評価をする場合は自己評価といいます。

評価の基準とは，成功・失敗の基準で，集団の相対的な位置によってそれを判

表 7-1　相対評価，絶対評価，個人内評価の比較（橋本，1976；桜井，1997）

評価	評価基準	性格	結果の表し方	長所・短所
相対評価	所属する集団の成績分布	教育目標に対して間接的	1. 順位 2. 段階評定 3. パーセンタイル 4. 偏差値	〈長所〉 ・主題が入りにくい ・評価基準に左右されない ・客観的で信頼性が高い 〈短所〉 ・目標への到達度を示さない ・指導法の確立に結びつかない ・個人の努力が見失われがち
絶対評価	教育目標達成の有無・程度	教育目標に対して直接的	1. 合否 2. 素点（正当率） 3. 段階評定 4. 誤答分布	〈長所〉 ・個人の指導計画の決定，効果的指導法の確立に有効 〈短所〉 ・妥当な評価基準が決めにくい ・評価が主観的になる
個人内評価	同一人の他教科の成績，過去の成績		1. 長所，短所 2. 進歩の具合 3. プロフィール 4. 成就値	〈長所〉 ・個人の動機づけを高めることができる ・個人差に基づく進歩・発達がわかる 〈短所〉 ・独善的解釈になる可能性が大

断する場合を相対評価，目標が達成できたかどうかで判断する場合を絶対評価あるいは到達度評価，自分の過去の成績と比べたり自分のほかの教科・科目の成績と比べたりする場合は個人内評価といいます。これらの評価の比較が表 7-1 に示されていますので，確認してください。

これまでの研究（Butler & Nisan, 1986; 鹿毛，1990, 1992, 1993; 鹿毛・並木，1990; 小倉・松田，1988）によると，子ども（おもに小学生以上）の場合には，内発的な学習意欲に有効なのは，自己評価と絶対評価と個人内評価になります。他者評価は他者（おもに教師）にコントロールされているという意識をもつことになるため，内発的な学習意欲にはマイナスの効果があります。ただし，学業成績のよい子どもでは，教師からの評価によってコントロールされているという被統制感はあまり感じられないようで，こうした場合には例外となります。また相対評価の場合には集団内で競争をさせられているという気持ちが起こりやすいため，被統制感が高まりやすいといえます。したがって，内発的な学習意欲にはマイナスの効果があるでしょう。ただし，自分から自分の力を確かめたいと自己決定して，他者と競争する場合にはほぼマイナスの効果はないと思います。

なお，子どもの場合，教育の効果を評価・検証するために，教師による（他者）評価は必要不可欠です。学業成績のよい子どもは，被統制感はあまり感じないようだと述べましたが，そうでない子どもにとっても被統制感を低くすることができます。教師と子どもの間に信頼関係が形成されれば，すなわち教室が安心して学べる環境に近づけば，このマイナスの効果は少なくなると考えられます。「先生はぼくのことを考えて，こうした評価をしてくれた！」というような気持ちが強く，教師によって競争をさせられたという気持ちが弱ければ，教師による他者評価は子どもにすんなりと受け入れられ，子どもの内発的な学習意欲にマイナスの効果を及ぼすことは少ないといえるでしょう。むしろ，内発的な学習意欲を高めるかもしれません。

以上は，内発的な学習意欲を中心とした研究の成果ですが，おそらく達成への学習意欲，向社会的な学習意欲，自己実現への学習意欲についてもほぼ同じことがいえるでしょう。

5）他律的な学習意欲も必要

わが国の学校教育ではこれまで，子どもが内発的な学習意欲によって学ぶことを理想としてきました。それゆえ，「他者から言われてどちらかといえば仕方なく学ぶ」ような他律的な動機づけは好ましくないと考えられてきました。私はこの考えには同意しかねます。

新しい情報は自分が欲して得られることもありますが，他者から与えられて得られることも多いように思います。とくに学校場面でいえば，教師によって新しい情報が与えられることも多いのではないでしょうか。そうした情報に対して最初のころは受け身でいわゆる他律的に学んでいたとしても，やがてその情報がしっかり理解されるようになるとその情報について俄然興味や関心が湧いてきます。人間には物事を理解したいという心理的欲求（表 1-1 の③内発的な欲求のひとつである「認知（知る）欲求」）があり，それが充足されはじめると興味関心が湧いてくるものです。そして自律的に学ぶようになるのです。

このような現象を機能的自律（functional autonomy）と呼びます。もちろん，新たな情報をしっかり理解しなければこの現象は現れませんが，こうした現象があるかぎり，他律的な動機づけで学びはじめてもまったく問題はありません。

ただし，いつまでも他律的な動機づけで学ぶようでは困ります。その場合にはおそらく学習内容がしっかり理解されていないことが，大きな原因になっていると考えられます。教師には，指導法を工夫するなどの対応が必要でしょう。

教師がいくら努力しても他律的にしか学べない子どももいるようです。そうした子どものなかには「肥大した獲得欲求」や「ゆがんだ愛情・承認欲求」の存在が疑われる場合があります（櫻井，2020）。

獲得欲求とは，金銭や物品を獲得したいという欲求です。社会心理学者のMurray（1938; 櫻井，2009より引用）によって作成された社会的欲求（表1-1参照）のリストでは，そのトップにあげられている欲求で，だれにでも認められる欲求です。通常この欲求は適度に充足されれば肥大することはないのですが，幼い頃よりご褒美（報酬）につられた学習活動を繰り返していると欲求が肥大していくようです。この悪しき習慣をなくすような手立てを講じる必要があるでしょう。

もうひとつは「ゆがんだ愛情・承認欲求」です。自分にとって大切な人から愛されたい，承認されたいという愛情・承認欲求（表1-1にある社会的欲求に含まれます）は，獲得欲求と同様にだれにでもある欲求ですが，この欲求がゆがんでしまうのです。

幼い頃に主たる養育者である母親や父親から，スキンシップをともなったあたたかい養育行動などによって愛されたり認められたりする経験が極端に乏しかった（とても不安定なアタッチメントが形成された）子どもの場合，自分にとって大切な人（母親，父親，そして友達など）に愛され，認められたいという欲求が理不尽に強くなり，その欲求に突き動かされ，大切な人の指示にのみ従い他律的に学習に取り組むようになります。こうした子どもには，まず大切な人から十分に愛されている，承認されているという経験をもたせる手立てを講じることが必要です。

6）創造性が育まれる

一般に自ら学ぶ意欲とくに内発的な学習意欲によって学ぶことで，創造性が高まることが指摘されています。AIの登場によって，人間の創造性の価値が高まっています。櫻井（2017）を参考に紹介します。

考えることすなわち思考（thinking）は，与えられた問題に対して一つの解答を見つけるような収束的思考（convergent thinking）と，与えられた情報の中から新しい知識や問題を発見するような拡散的思考（divergent thinking）とに分けられます。このうち，おもに拡散的思考によって独創的でかつ有用な結果を生み出す能力のことを創造性（creativity）と呼びます（長谷川，2008）。創造性は，学業成績にも一定の効果をもつことが示されています（海保，1986）。ここでは，アメリカでの二つの研究の流れと私どもの研究を紹介します。

アメリカでの研究のひとつの流れは，アマビル（Amabile, T. M.）によるものです。彼女は実験研究によって，他律的な意欲をもたせるように操作した群（他律的な意欲が高い群）は，そうした操作をしない群（相対的に自律的な意欲が高いと考えられる群）よりも創造性が低いことを明らかにしました。

たとえば，Amabile（1979）では，大学生を対象に芸術作品を課題にして他者からの評価の影響を検討しました。その結果，他者による評価がない群のほうが，他者による評価がある群（技術的な評価群および創造的な評価群）よりも創造性が高いことがわかりました。彼女は課題や条件を変えていくつかの実験（Amabile, 1982, 1985; Amabile et al., 1986; Conti et al., 1995）を行いましたが，いずれの実験でも創造性を高めることはできませんでした。

実験的に自律的な意欲を高める操作は難しいため，その結果として創造性が高まることを示すことも難しいと思われます。彼女が示せたことは，他律的な意欲を高める操作をした群では，そうした操作をしない群よりも創造性が低かったということにつきます。

アメリカでの研究のもうひとつの流れは，アイゼンバーガー（Eisenberger, R.）によるものです。彼は実験研究によって，創造性が高く評価される方法（どうすれば創造性が高いと評価されるか）がわかり訓練を受ければ，他律的な意欲を高めても創造性が高まることを示しました。たとえば，Eisenberger & Selbst（1994）では，小学生を対象に拡散的思考を用いた訓練を行う群と行わない群を設け，外的報酬（おもに物質的な報酬）が創造性に及ぼす影響を検討しました。

訓練を受けた群では，外的報酬によって創造性が高まることが示されました。この実験では，訓練によって創造性得点が高まるスキルを学習することができ，外的報酬によってそのスキルがよく用いられたために創造性が高まったと考えられます。同様な実験（Eisenberger & Armeli, 1997; Eisenberger et al., 1998）が繰り返され，同じような結果が確認されました。

ふたつの研究の流れより，創造性に影響するのは，課題に対する意欲のあり方と創造性を高めるスキルの有無の二点であるように思います。課題に対する意欲では，少なくとも他律的に動機づけされると創造性は低下しますが，創造性を高めるスキルについては，そのスキルがあれば他律的に動機づけられても創造性は高まるとまとめることができそうです。

アメリカの研究だけでは物足りませんので，私どもの研究（及川ほか，2009）も紹介しておきます。大学生を対象に自ら学ぶ意欲測定尺度（櫻井ほか，2009）と市販されているS-A創造性検査を用いて両者の関係を検討しました。その結果，自ら学ぶ意欲が高いほど創造性は高いことが示されました。ただ，創造性の研究にはよくあることなのですが，クリアな結果ではないため，今後さらなる検討が必要です。

以上の研究をまとめると，まだ研究数は少ないものの，課題への意欲という点では他律的に動機づけられないほうが創造性は高まるようです。ただ，これまでの研究では芸術的な課題が多いため，一般的な学習課題でもそうした成果が得られるかどうかは，今後の研究を待つしかありません。また，創造性を高めるスキルを獲得している場合には，他律的に動機づけられてもスキルの使用を後押しするために創造性は高まるようです。

7）学業成績や精神的健康にポジティブな影響がある

自己決定理論を構成する有機的統合理論では自律性が高い動機づけほど，また自ら学ぶ意欲についての理論でも自ら学ぶ意欲が高いほど，学業成績も精神的健康も良好であることが指摘されています。教育分野ではとくに重要なことなのでいくつか研究を紹介します。

◆学業成績との関係

私どもの初期の研究（西村ほか，2011）では中学生を対象に，二時点での測定によって学習動機づけと学業成績の因果関係を分析しました。その結果，同一化的調整（自己実現への学習意欲とほぼ同じ）（項目例：自分の希望する高校や大学に入りたいから）が，メタ認知的方略（項目例：勉強をしているとき，やっていることが正しくできているかどうか確認する）を媒介して学業成績を高めることが明らかになりました。

一方，典型的な他律的動機づけである外的調整（項目例：まわりの人から「やりなさい」と言われるから）は学業成績を抑制し，内的調整（内発的な学習意欲）（項目例：勉強することがおもしろいから）には，いずれの効果も認められませんでした。

同一化的調整や自己実現への学習意欲を強くもつ場合には，将来の目標を掲げて積極的に学習に取り組むため，おもしろい・楽しいという思い（内的調整や内発的な学習意欲）を強くもって学習する場合よりも，学習行動が安定し持続する可能性が高いと予想できます。そのために，将来の学業成績を高める効果があると考えられます。

一方，内的調整や内発的な学習意欲は，その時点での学業成績とはポジティブに関係することが多いようですが，将来の学業成績を予測することは難しいと考えられます。なぜならば，内的調整や内発的な学習意欲は，時間が経過したり教師が代わったりして子どもの興味が変化すると意欲も変化して安定しないからではないかと予想されます。

なお，学習の質について検討した Grolnick & Ryan（1987）の研究も興味深いと思います。彼らはアメリカの小学生を対象に，外発的動機づけに基づく学習よりも内発的動機づけに基づく学習のほうが，学習の質の面で優れていることを明らかにしました。

小学生を二群に分け，一つの群には教科書に掲載されている短い文章を読むように教示しました。もう一方の群にも同じ文章を読むように教示しましたが，さらに後にテストをして成績の一部にすることを付け加えました。後者の群は外発的な学習意欲を喚起した群であり，それに比べると前者の群は内発的（自ら学ぶ）意欲が高い群といえるでしょう。

実験終了後，両群の成績を比べると，機械的な暗記問題では外発的な学習群のほうが優れていましたが，学習内容の概念的理解（深い理解）を問う問題では内発的な学習群のほうが優れていました。この結果は一見すると学習内容の概念的理解という面では内発的な学習意欲の高いほうが有利で，機械的暗記という面では外発的な学習意欲が高いほうが有利なように見えます。しかし，一週間後に行われた成績の再検査では，機械的な暗記問題における外発的な学習群の優位性は失われていました。したがって，長い目でみると，内発的な学習意欲の高いほうが，質の面を中心に高い学業成績を修めることが期待できそうです。

◆精神的健康や適応との関係

私どものその後の研究（西村・櫻井，2013）では，中学生を対象に自律的動機づけ（内的調整や同一化的調整：内容的には内発的な学習意欲と自己実現への学習意欲と同じ）と学校適応との関係が検討されました。予想通り，自律的な学習意欲が高いほど学校適応がよいことが示されました。

ここではさらに精神的健康や適応との関係において，指導上大いに参考になる研究を二つ紹介します。

ひとつめは桜井・高野（1985）の研究で，小学６年生を対象に，内発的な学習意欲と小学校での状態不安（ある時点での不安：これに対して常態としての不安は「特性不安」といいます）との関係を検討しました。状態不安の測定は，①朝の学級会のときと，②三時限目の授業のとき（国語１クラス，算数２クラス）の二回行いました。

分析の結果，内発的な学習意欲の高い子どもは，いずれの測定時でも不安は低かったのですが，内発的な学習意欲の低い子どもたちは，３時間目の授業時間においてのみ不安が高まっていました。内発的な学習意欲が高い子どもほど学校で安心して授業が受けられるといえるでしょう。

Grolnick & Ryan（1987）は，アメリカの小学５年生を対象に，学習意欲の自律性と精神的健康との関係を詳細に検討しました。最初に子どもたちは質問紙によって，自律的な学習意欲が高い群と他律的な学習意欲が高い群に分けられました。つぎに，子どもたちを担当する教師によって，そうした子どもたちの学習意欲の高さを評定してもらったところ，いずれの群においても高いという結果が得られました。さらに子どもたち自身にも努力の程度を評定してもらったところ，いずれの群でも，自分たちはよい成績をとるためによく努力していると回答しました。

つづいて，精神的健康（学習への興味，テスト不安の低さ，失敗に対する適切な対処法といった内容）が比較検討されたところ，自律的な学習意欲の高い群のほうが明らかに良好であることがわかりました。こうした結果から，学習動機の高さや努力の程度ではなく，学習意欲の自律性の程度が，子どもの精神的健康に大いに影響することが明らかになりました。

つぎに，高校受験観や高校進学動機さらには大学生の進路選択動機の自律性と，学校適応や精神的健康との関係についての研究を三つ紹介します。いずれもわが国での研究です。

高地（2017）によると，高校受験観が中学生の学習意欲や適応と関係していることがわかりました。この研究ではまず，中学生の高校受験観を測定する質問紙を開発しました。その質問紙は，①自己の成長（例：高校受験は自己の成長につながる），②勉強への誘導（例：高校受験がないと知識が身につかない），③将来への懸念（例：高校受験で合格しないと将来の就職先が限定される），④受験の苦労（例：つらいものである）という四つの下位尺度から構成されました。これまでの分類（表 3-4 参照）から，①の「自己の成長」という受験観が内発的な人生目標に対応する受験観といえます。

高校受験観と学習意欲（西村ほか，2011），学校や家庭での適応との関連を検討したところ，「自己の成長」という受験観は，内発的な学習意欲や自己実現への学習意欲を媒介して適応に影響する一方，外発的な人生目標と関係がありそうな「勉強への誘導」「将来への懸念」「受験の苦労」といった受験観は，他律的な学習意欲を媒介して不適応に影響することが示されました。高校受験観として内発的な人生目標を主にもつことによって，自律的な学習意欲が喚起されやすく，それが家庭や学校での適応にもつながることが推察できます。

永作・新井（2005）は高校生を対象にして，高校進学動機と高校での学校適応の関係について検討しました。高校 1 年生を対象に，高校への進学が自律的な理由（例：高校というものが楽しそうだから，校風がよいと思ったから）に基づいているのか，それとも他律的な理由（例：普通は高校に行くものだから，高校に行かないと恥ずかしいから）に基づいているのかを測定する尺度（自律的高校進学動機尺度：永作・新井，2003）と，高校での学校生活の楽しさや人間関係の満足度（学校適応）に関する質問紙を実施し，短期縦断的にそれらの関係を検討しました。

分析の結果，高校 1 年の 5 月に測定した高校進学動機の自律性が高かった高校生は，その年の 10 月，翌年の 5 月の学校適応が良好でした。高校に自律的な進学動機で入学すると，少なくとも 1 年程度は学校適応がよいことが明らかになったのです。この研究は縦断的な研究であるため，因果関係がはっきりしていて優れた研究といえるでしょう。

最後に，萩原・櫻井（2007）は大学生の進路選択動機と適応の関係について検討しました。この研究では，進路選択にかかわる「やりたいこと探し」の動機の自律性を評価できる尺度を作成し，その自律性の程度と日本版GHQと主観的幸福感尺度によって精神的健康を測定し，両者の関係を分析しました。その結果，自律性の高い動機（例：やりたいことができれば楽しいから，打ち込めるものを見つけたいから）でやりたいこと探しをしていた大学生は，精神的に健康であることが明らかになりました。

以上のような研究から，自律的な動機づけが学業成績や精神的健康に有効であることは間違いないといえるでしょう。

8）向社会的な学習動機づけも大切

向社会的な動機づけの理論や向社会的な学習意欲を含む自ら学ぶ意欲についての理論から，教室における学習で他者や社会のためになりたいという思いで取り組む子どもも多くいると予想されます。もちろん，中学生以上になれば，自己実現への学習意欲によって他者や社会のためになることをめざし，具体的な将来目標を設定してがんばる子どもも多くなるでしょう。

ここでは，向社会的な学級目標の効果について検討した研究を紹介します。

大谷ほか（2016）は，小学5，6年生を対象に，学級目標が内発的な学習意欲や学業に関する自己効力感（勉強はやればできるという思い）にどのような影響をもたらすかを検討しました。この研究における学級目標とは，向社会的な学級目標（たとえば，このクラスでは相手の気持ちを考えることが大事にされています，というような項目で測定される目標）でした。

分析の結果，向社会的な学級目標を肯定的に受け入れた子どもは，協同学習（たとえば，お互いの得意な勉強内容を教え合う，興味のある勉強内容について話し合う，わからない問題を一緒に考えたり調べたりする）が多く，内発的な学習意欲や学業に関する自己効力感も高いことがわかりました。

すなわち，他者を思いやる目標が学級内で共有されると，子どもの向社会的な学習意欲が喚起され協同学習が増え，その結果，内発的な学習意欲や学習に関する自己効力感も高まると理解できます。

向社会的な学級目標はどのような対応によってクラスの子どもたちに共有されるのか，その点については今後の検討が必要ですが，おそらくは教師と子ども，あるいは子ども同士の良好な対人関係，とくに信頼関係がベースになると思われます。

新たなクラスで子ども（クラスメイト）同士の仲間意識や信頼関係を築くには，構成的グループエンカウンター（國分・片野，2001; 國分・國分，2004）やピア・サポート（日本教育カウンセラー協会，2001）といった技法の導入が効果的であると考えます。初任の教師にも失敗することが少ないため，私自身の経験からも強く推薦したいと思います。

9）中学生からは内発的人生目標を主としてもてるように

自己決定理論を構成する目標内容理論では，大人の場合には内発的人生目標を主としてもつほうが，外発的人生目標を主としてもつよりも精神的健康が良好であるとされます（Part 3 参照）。

ただし，すでに紹介した西村らの研究（西村ほか，2017）によると，中学生の場合には外発的人生日標を比較的強くもっていても，精神的健康へのネガティブな影響はほとんど確認されませんでした。

一方，高地（2017）の研究では，高校受験観のうち「自己の成長」という受験観，これは内発的人生目標と関係しますが，この受験観は自律的な学習動機を媒介して家庭や学校での適応に影響することが明らかになりました。因果関係については，今後さらに検討する必要がありますが，流れとしては大人と同じような結果を得ています。

二つの研究を比較してみると，大人のように人生目標をストレートに測定すると仮説は支持されませんが，受験に対する考え方として人生目標を間接的に測定すると，現実的で回答しやすくさらに素直な気持ちが反映され仮説が支持されるのではないかと考えられます。

さらに高校生を対象とした研究（鈴木・櫻井，2011）では，内発的人生目標を主としてもっている高校生のほうが，自ら学ぶ意欲が高く適応的な学習行動が多いことが示されています。

(2) その他の動機づけ理論から

ここでは（1）で紹介した「自律性を重視した理論」の研究結果以外の動機づけ理論の研究結果をもとに，子どもの学習動機づけを高める方法やヒントを簡潔にまとめます。

1) 授業において学習課題の価値を意識させる

エックルズの価値理論（Part 2 参照）では，学習課題の価値，具体的には表2-2 にあるような①達成価値，②内発的価値，③利用価値を子どもに意識させることができれば，自ら学ぶ意欲が喚起され自律的な学習が展開できるとされます。

最近の研究（Durik et al., 2015; Hulleman & Harackiewicz, 2009; 解良・中谷，2014, 2019）では，授業の導入部分で行う意欲づけにおいて，「課題価値」（学校での学習によって得られる価値）について教えたり考えさせたりすることによって，子どもの自ら学ぶ意欲がうまく喚起されたり促進されたりすることがわかってきました。なかでも「利用価値」（学校での学習が何かの役に立つという価値）の利用が有効なようです。この価値はおそらく実生活と関連していたり，将来の仕事と関係していたりするのではないでしょうか。

たとえば，小中学校での授業であれば，現在の学習（算数・数学や英語など）が，①実生活に役立つ（たとえば，海外旅行で不自由しない），②将来の目標（たとえば，教師になりたいという目標）の達成に役立つ，とくに中学生の場合には直近の高校受験に役立つ（スムーズに合格できる），③自分がしっかり学ぶことによってよく理解できないクラスメイトを助けることに役立つ，というような利用価値が想定されます。こうした利用価値を子どもにうまく獲得させることができれば，それに対応した自ら学ぶ意欲が喚起されたり促進されたりします。

2) 成功経験を積ませる

自己効力感理論からは，学習課題で成功経験を積ませることが自己効力感を高めるにはとくに重要であるとされます。ただ，簡単に成功できる課題での成功経験は達成感がともないません。したがって，その子にとって適度な挑戦となるような難しさの学習課題で成功する経験が必要です。

また，高校受験等では1，2年後の遠い目標を設定するわけですが，その際にはその遠い目標を達成するために中間的な目標や直近の目標を設定することも大事になります。小学生を対象にして遠い目標と近い目標の効果を検討した有名な研究がありますので，紹介しておきます。

Bandura & Schunk（1981）は，算数が苦手で算数に興味・関心がない小学生を対象に，算数に対する効力感の向上が学力の向上に寄与するかどうか，さらにそれらの向上には目標の設定の仕方がどのように関連するかを検討しました。

対象になった小学生は四群に分けられ，そのうちの三群では7日間，1日30分ずつ，自習の形で教材を学習しました。四群のうちのひとつは「近い目標群」で，1日6ページの問題を解くことを目標に学習する群でした。つぎに「遠い目標群」は，7日間で42ページ（6ページ×7日）の問題を解くことを目標に学習する群でした。そして「目標なし群」はそうした目標を設けずに問題を解く群で，最後の「統制群」は何ら処遇を受けない群でした。

これらの四群は事前テストとして算数の効力感と学力，処遇の後に算数の学力（事後テスト）と効力感（事後テストの前と後）が測定されました。

結果を図7-2に示します。処遇前と処遇後の効力感と学力に対応関係がみられ，効力感の向上は学力の向上をもたらしたものと解釈されました。また，統制群に比べると，その他の三群は処遇（引き算の問題練習をしたこと）の効果が認

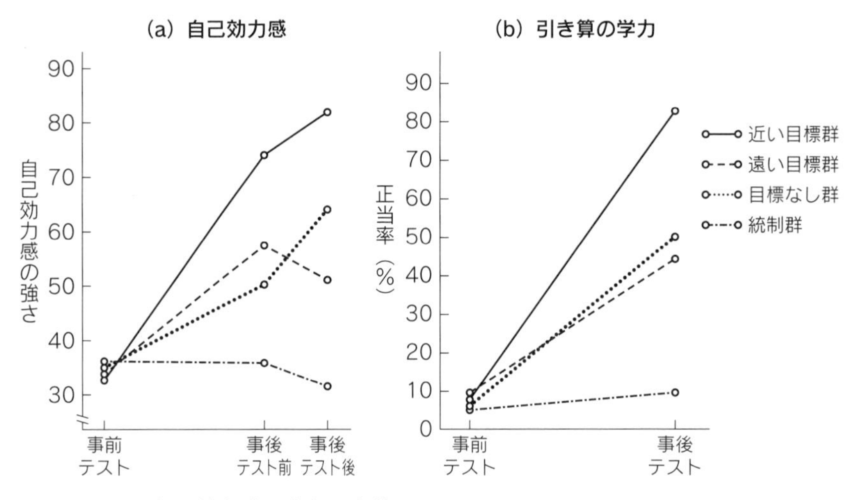

図7-2　自己効力感と学力の変化（Bandura & Schunk, 1981；櫻井，2009, p.209）

められました。すなわち，目標の設定がどうであろうと，引き算の練習をしたことによって効力感と学力が伸びたのです。

さらに，目標設定の仕方との関係では，近い目標群がもっとも効果的で，効力感も学力ももっとも高くなりました。つぎは遠い目標群と目標なし群でした。小学生にとって遠い目標群は目標がない群と等しい効果しか認められませんでした。近い目標群は1日ごとの目標の達成度がわかるため，順調に効力感が伸び(伸びを感じて)，それが学力の向上につながったものと考えられます。小学生の場合には，近い目標を設定することが有効であることがわかりました。

一般論として，遠い目標とともに中間的な目標や近い目標を設定することが，高い動機づけを維持するために必要でしょう。

3）遂行目標よりも熟達目標をもつほうがよい

達成目標理論からは，自分の有能さを増大させるために，新しいことを習得して能力を伸ばしていこうという目標である熟達（接近）目標をもつことが推奨されます。他者と比較することなく自分のペースで有能さを追求できます。

ただし，高い能力が認められる場合には，自分の有能さを増大させるために，他者から自分の能力が高いことを評価してもらおうという遂行（接近）目標をもつことでも成功経験を積むことができます。この場合には競争で勝つことによってきわめて高い有能感や達成感を得ることができます。また，自分に自信がない場合でも，少しでも自分が伸びるようにと他者と競争をすることを自発的に選ぶこともあります。この場合には他者に認めてもらおうという意図よりは，自分の力を試してみようという意図のほうが強くなります。したがって，一概に競争への参加は遂行接近目標をもつ人のみに適した目標とはいえないかもしれません。

なお，これは折衷案ですが（櫻井，2021），得意な教科では自分の能力をさらに伸ばすために遂行接近目標をもち，苦手な教科では自分のペースで有能さを伸ばすために熟達接近目標をもつことがよいかもしれません。

4）成功の原因は能力や努力に，失敗の原因は努力に帰属する

原因帰属を導入した達成動機づけ理論によると，一般に成功した原因を能力が高いことやよく努力したことに，失敗した原因を努力不足に帰属することが望ましいといえます。

なかでも大事なのは，失敗事態での努力不足への原因帰属です。失敗してもさらに努力をすればできるようになる，という思いが必要なのです。ただしそうは思えても，努力の仕方がわからなければその努力は成功につながりません。どのように学習をすればできるのか，教師やクラスメイトに尋ねたり，自ら工夫したりすることが必要でしょう。このことは，先に紹介した自己調整学習のやり方を習得することにもつながります。

5）失敗やストレスが続かないように自分から援助を求める

無気力についての理論によると，大きな失敗や大きなストレス（いやな出来事）に対して自分の力では対処できないという無力感が生じると（一次的に）無気力になります。さらに，失敗を繰り返したりストレスが続いたりすると，この後もずっと自分の力では対処できないのではないかという絶望感が生じ，より強い無気力に発展します。

こうした無気力の形成を避けるには，失敗やいやな出来事にうまく対処すること（コーピング）が必要です。大事なことは，そのときの自分の力やスキルで対処できなければ，「まずは」自分から周囲の信頼できる人に援助を求めて対処することです。対処の仕方がわかれば，つぎの同じような事態には自分ひとりで対処できるようになるでしょう。他者に助けてもらうことは恥ではありません。自分も他者に援助を求められたら，助けてあげればよいのです。相互依存的な自立が大事であると思います。

6）認知的葛藤を工夫して用いる

バーラインらが見出した認知的葛藤を用いて学習意欲を喚起する方法については，Part 1 で紹介しましたが（たとえば，Berlyne, 1971; Hunt, 1965），既有の知識と新しい知識の間に適度なズレを生じさせるには，学級単位での利用では難しいように思います。子どもたちの人数が多いと既有知識がバラバラであるからです。少人数の習熟度別のクラス編成であれば大丈夫かもしれません。一般には個人指導やグループ指導で用いることが適しています。

第2節　仲間関係と部活動

学校における動機づけ研究は，子どもの学習活動をターゲットにすることが多いのですが，もちろん子どもの対人関係とくに仲間関係への動機づけについても研究が行われています。また，部活動への動機づけについても研究がなされています。ここでは，仲間関係と部活動に関して動機づけ研究を活かす方法を紹介します。

(1) 学級での仲間関係

学校における子どもの居場所となるのはおもに学級です。学級における仲間関係が良好であることは重要です。もちろん，学習活動においても学級における仲間関係は大きな影響を与えます。

1) 向社会的学級目標を設定する

すでに第1節(1)－8)で紹介しましたが，大谷ほか（2016）の研究に代表される「向社会的学級目標」が設定され，学級の子どもたちがその目標を支持し自らの目標として受け入れることができれば，学級における仲間関係は良好なものになることが期待できます。

向社会的学級目標を子どもたちが受け入れるには，日頃から思いやりの気持ち（共感）を育てるように指導することが大事でしょう。

2) 社会的熟達接近目標をもつ

Part 2で達成目標理論を紹介した際，学習や仕事だけでなく仲間関係における達成目標の研究も取り上げました。

復習になりますが，海沼・櫻井（2018）の研究によると，クラスメイトと友達になりたい理由が，自分をほんとうに理解してくれる友達がほしいことや，そうした関係をさらに深めることなどである場合，すなわち社会的熟達接近目標を意識している場合には，学級での仲間関係における充実感が高く，クラスメイトを助けるような向社会的行動も多くなることがわかりました。

この研究に代表されるように，クラスメイトとほんとうに理解し合えるような友達になりたいという目標をもつような子どもは，学級が居心地のよい居場所となり，クラスメイトとお互いに助け合えるような思いやりのある学級をつくることが期待できます。

少々脱線しますが，仲間（peer, mate）と友達・友人（friend）という用語の使い方について確認しておきます。仲間とは，ともに同じ仕事をする人や一緒に勉強や生活をする人です。クラスメイト（classmate）やルームメイト（roommate）という用語でその意味がよく理解できるでしょう。一方，友達や友人は，親しく交わる人です。したがって，クラスメイトのすべてが友達ということではありません。心理学の文献を読むときあるいは書くときにご注意ください。

(2) 部活動

部活動における動機づけを高める方法については，指導者もさることながら親の関心も高いようです。櫻井（2020）を参考に，学級集団と部活動集団の違いを説明したうえで，部活動への意欲を引き出す際の留意点について紹介します。

1）部活動集団と学級集団の違い

部活動もおもに集団での活動であるという点で，学級における学習活動と同じような指導によって子どもの意欲を引き出すことができます。

ただし，部活動の集団には学級集団とは異なる点があります。大きな違いは，部活動の集団は部活動に興味・関心がある，その活動が得意であるといった理由で集まった集団であるという点です。学級は公的な制度によって設定された集団で，社会心理学ではこのような集団を「フォーマル集団（公式集団）」と呼びます。一方，部活動の集団はどちらかといえば生徒の私的（個人的）な理由によって集まった集団であり，このような集団は「インフォーマル集団（非公式集団）」と呼ばれます。部活動は教師など公的な指導者のもとで行われますので，部活動の集団は完全なインフォーマル集団ではないでしょう。しかし，上記のように興味・関心があったり，その活動が得意であったりといった理由で集まっているインフォーマル的な集団である点に特徴があることは確かです。

指導者はこうした点をふまえて，部活動の指導をする必要があります。以下，留意する点をあげます。

2）競争の生じやすさ

第一に，競争が生じやすいことです。

私が中学校時代に属していたバレー部では，レギュラー選手になるためにほかの部員との競争が激しかったことを覚えています。バレー部は運動部のなかでも伝統のある部でした。部員数が多く，試合に出してもらえるメンバーをめぐっての競争は激しいものでした。

当時のバレーは 9 人制でしたので，ポジションは厳格に定められていました。私は背が高かったので，入部当初からアタッカー候補でした。レギュラーのアタッカーになるには，ほかの部員よりも高い位置から強いスパイクが打てること，どんなトスでもうまく打てること，高い位置でブロックができることなどが条件でした。先輩たちよりも背が高かった私はアタッカーとして最初から有利であり，最終的には先輩を飛び越してレギュラーになりました。

ただそうなると，平素は先輩が主導する部活動ですから，居心地が悪く，対人関係で大きなストレスを抱えました。しかしバレーボールが好きなことや，指導の先生や同級の部員のサポートがあったことで，部活動を続けられアタッカーとして活躍することができました。上級生になる頃にはそうしたストレスやプレッシャーも少なくなり，余裕をもって試合に臨んだり，後輩を指導したりすることができるようになりました。

3）協力によるチームの団結

第二に，レギュラーになるために競争が生じやすいことはありますが，レギュラーになるとチームの中では協力することがもっとも大事になります。自分一人でバレーをしているわけではありませんから，お互いに助け合いチームを勝利に導かなければなりません。

また，レギュラーになれなかった場合でも，チームのサポーターとしてチームの勝利に貢献することが大事になります。自分にとってバレーが大事であるという思いが強ければ，サポーターとしての役割も受容し積極的に動けるのではないでしょうか。いまでも当時サポーターに徹してくれた同級生とは仲良くやっています。

指導者は部員が協力できるような環境を整備することが必要です。

4）先輩－後輩の縦の関係

第三に，先輩－後輩の縦の関係があることです。通常の学級は同年齢の集団ですが，部活動は基本的に異年齢集団であるため，この関係が結構やっかいです。とくに運動部では，先輩が後輩にレギュラーを取られると下克上となるわけですから，先輩は平常心ではいられないことも多くなります。後輩のレギュラーに言いがかりを付けたり，通常の練習で厳しく当たったり，さらには先輩同士で徒党を組んでいじめたりする，というようなことも起こりがちです。もちろん，部全体のムードも悪くなるでしょう。

そうしたことが起こらないように（あるいは短期的に解決できるように），指導者の対応が必要となります。レギュラーになれなかった先輩部員のストレスを解消したり，部活動のなかで役割を決めて（部員に決めさせて）積極的に活動できるようにしたりすることが大事です。

ただ，基本的に退部もできるわけですから，どうしてもいやであれば退部を勧めることになるかもしれません。もし部活動が自分にとって大事であるという思いが強いようであれば，続けるように促せばよいでしょう。きっと何らかの得るものはあると思います。

実際の部活動では，趣味程度で活動している子どももいれば，プロのスポーツ選手をめざして活動している子どももいます。子どもたち自身が部活動の状況を理解し，どうするのが自分にとって得策なのかを判断できるように支援する必要もあります。

5）親のサポートの大切さ

教師の指導もさることながら，親をはじめ家族のサポートもとても大切です。私の場合は運動部で朝練がありましたから，朝早く登校しなければなりませんでした。気持ちよく送り出してくれた母に感謝です。わだかまった気持ちを受けとめてくれた祖母にも感謝です。そういった意味では，私の部活動は家族，同級生，先輩・後輩そして指導の教師に支えられていたと思います。

6）ストレスやプレッシャーへの対処

部活動ではレギュラー争い等で競争になることが多く，それによって部員は大きなストレスを感じます。運動部では，競争に勝ってレギュラーになったとしても，レギュラーを維持するには相当の努力が必要です。また，大会等で勝利するためには，大きなプレッシャーものしかかってきます。こうしたストレスやプレッシャーにうまく対処することができれば，もともとは部活動に興味があったり競技が得意であったりするわけですから，部活動を続けていこうという気持ちが湧いてきます。その対処のもとになる力は「自分にとっていまの部活動が大事である」という気持ちではないでしょうか。

また，レギュラーになれなくても部活動を続けることにした子どもにとっては，引け目を感じることも多く，その気持ちを受けとめ，サポーターとしての努力をしっかり評価してあげることも大事になります。

部活動のストレスに対してどのように対処すれば，部活動を続けていきたいという意欲が維持されたり高まったりするのか，ひとつの研究を紹介します。

清水（2011）は，中学 1，2 年生で部活動（運動部および文化部）に参加している生徒を対象に，部活動のストレス（実際にはストレッサー）と対処行動，自己成長感，部活動意欲の関係を質問紙によって調査しました。

その結果，部活動のストレスがあっても，それに対して問題解決型の対処（たとえば，原因を検討しどのようにしてゆくべきか考える，練習方法を工夫する，先生や友達から話を聞いて参考にする）をしていると，直接部活動意欲を高めたり，自己成長感を経由して間接的に部活動意欲を高めたりすることがわかりました。また，他者からのサポートを得ようとする対処（たとえば，誰かに話を聞いてもらい，気を静めようとする）も自己成長感を経て，間接的に部活動意欲を高めることがわかりました。

一方，あきらめてしまう対処（たとえば，解決できない問題と考え，あきらめる）は自己成長感も部活動意欲も低めてしまうことがわかりました。

部活動のストレス（ストレッサー）に対して，おもに問題解決型の対処をして部活動で自分が成長していると思えれば，部活動に対する意欲が高まったり持続できたりするようです。子どもがそうした対処をするには，指導者や親のサポートが必要です。

■引用文献

Amabile, T. M. (1979). Effects of external evaluation on artistic creativity. *Journal of Per-*

sonality and Social Psychology, 37, 221-233.

Amabile, T. M. (1982). Children's artistic creativity: Detrimental effects of competition in a field setting. *Personality and Social Psychology Bulletin, 8,* 573-578.

Amabile, T. M. (1985). Motivation and creativity: Effects of motivational orientation on creative writers. *Journal of Personality and Social Psychology, 48,* 393-399.

Amabile, T. M., Hennessey, B. A., & Grossman, B. S. (1986). Social influences on creativity: The effects of contracted-for reward. *Journal of Personality and Social Psychology, 50,* 14-23.

Bandura, A., & Schunk, D. H. (1981). Cultivating competence, self-efficacy, and intrinsic interest through proximal self-motivation. *Journal of Personality and Social Psychology, 41,* 586-598.

Berlyne, D. E. (1971). What next? Concluding summary. In H. I. Day, D. E. Berlyne, & D. E. Hunt (Eds.), *Intrinsic motivation: A new direction in education* (pp.186-196). Holt, Reinhart, & Winston of Canada.

Butler, R., & Nisan, M. (1986). Effects of no feedback, task-related comments, and grades on intrinsic motivation and performance. *Journal of Educational Psychology, 78,* 210-216.

Conti, R., Amabile, T. M., & Pollak, S. (1995). The positive impact of creative activity: Effects of creative task engagement and motivational focus on college students' learning. *Personality and Social Psychology Bulletin, 21,* 1107-1116.

Deci, E. L. (1971). Effects of externally mediated rewards on intrinsic motivation. *Journal of Personality and Social Psychology, 18,* 105-115.

Deci, E. L. (1972). Intrinsic motivation, extrinsic reinforcement, and inequity. *Journal of Personality and Social Psychology, 22,* 113-120.

Deci, E. L., Schwartz, A. J., Sheinman, L., & Ryan, R. M. (1981). An instrument to assess adults' orientations toward control versus autonomy with children: Reflections on intrinsic motivation and perceived competence. *Journal of Educational Psychology, 73,* 642-650.

Deci, E. L., Speigel, N. H., Ryan, R. M., Koestner, R., & Kauffman, M. (1982). Effects of performance standards on teaching styles: The behavior of controlling teachers. *Journal of Educational Psychology, 74,* 852-859.

Durik, A. M., Shechter, O. G., Noh, M., Rozek, C. S., & Harackiewicz, J. H. (2015). What if I can't? Success expectancies moderate the effects of utility value information on situational interest and performance. *Motivation and Emotion, 39,* 104-118.

Eisenberger, R., & Armeli, S. (1997). Salient reward increase creative performance without reducing intrinsic creative interest? *Journal of Personality and Social Psychology, 72,* 652-663.

Eisenberger, R., Armeli, S., & Pretz, J. (1998). Can the promise of reward increase creativity? *Journal of Personality and Social Psychology, 74,* 704-714.

Eisenberger, R., & Selbst, M. (1994). Goes reward increase or decrease creativity? *Journal of Personality and Social Psychology, 66,* 1116-1127.

Grolnick, W. S., & Ryan, R. M. (1987). Autonomy in children's learning: An experimental and individual difference investigation. *Journal of Personality and Social Psychology, 52,* 890-898.

萩原俊彦・桜井茂男（2007）．大学生の進路選択における動機と精神的健康との関連　筑波大学心理学研究，33, 79-87.

長谷川寿一（2008）．知能　長谷川寿一・東條正城・大島　尚・丹野義彦・廣中直行　はじめて出会う心理学 改訂版（pp.117-130）　有斐閣

橋本重治（1976）．新・教育評価法総説　上　金子書房

Hulleman, C. S., & Harackiewicz, J. M. (2009). Promoting interest and performance in high school science classes. *Science, 326,* 1410-1412.

Hunt, J. M. (1965). Intrinsic motivation and its role in psychological development. In D. Levine (Ed.), *Nebraska Symposium on Motivation* (Vol.13, pp.189-282). University of Nebraska Press.

鹿毛雅治（1990）．内発的動機づけに及ぼす評価主体と評価基準の効果　教育心理学研究，*38,* 428-437.

鹿毛雅治（1992）．教師による評価教示が生徒の内発的動機づけと学習に及ぼす効果――成績教示と確認教示の比較　教育方法学研究，*18,* 65-74.

鹿毛雅治（1993）．到達度評価が児童の内発的動機づけに及ぼす効果　教育心理学研究，*41,* 367-377.

鹿毛雅治・並木　博（1990）．児童の内発的動機づけと学習に及ぼす評価構造の効果　教育心理学研究，*38,* 36-45.

海保博之（1986）．はかる　杉原一昭・海保博之（編）事例で学ぶ教育心理学（pp.87-112）福村出版

海沼　亮・櫻井茂男（2018）．中学生における社会的達成目標と向社会的行動および攻撃行動との関連　教育心理学研究，*66,* 42-53.

解良優基・中谷素之（2014）．認知された課題価値の教授と生徒の課題価値評定，および学習行動との関連　日本教育工学会論文誌，*38,* 61-71.

解良優基・中谷素之（2019）．課題価値のもつ概念的特徴の分析と近年の研究動向の概観　南山大学紀要『アカデミア』人文・自然科学編，*17,* 95-116.

國分康孝・片野智治（2001）．構成的グループ・エンカウンターの原理と進め方――リーダーのためのガイド　誠信書房

國分康孝・國分久子（総編集）（2004）．構成的グループエンカウンター事典　図書文化社

Lepper, M. R., Greene, D., & Nisbett, R. M. (1973). Undermining children's intrinsic interests with extrinsic rewards: A test of the "overjustification" hypothesis. *Journal of Personality and Social Psychology, 28,* 129-137.

三隅二不二（1976）．グループ・ダイナミックス　共立出版

村上達也・坂口奈央・櫻井茂男（2012）．小学生の「担任教師に対する信頼感」尺度の作成

筑波大学心理学研究，43, 63-69.
村上達也・鈴木高志・坂口奈央・櫻井茂男（2013）．小学生における担任教師に対する信頼感と担任教師の行動・態度についての評価の関連　筑波大学心理学研究，45, 91-100.
Murray, H. A. (1938). *Explorations in personality.* Oxford University Press.
永作　稔・新井邦二郎（2003）．自律的高校進学動機尺度作成の試み　筑波大学心理学研究，26, 175-182.
永作　稔・新井邦二郎（2005）．自律的高校進学動機と学校適応・不適応に関する短期縦断的検討　教育心理学研究，*53,* 516-528.
日本教育カウンセラー協会（編）（2001）．ピアヘルパーハンドブック——友達をヘルプするカウンセリング　図書文化社
西村多久磨・河村茂雄・櫻井茂男（2011）．自律的な学習動機づけとメタ認知的方略が学業成績を予測するプロセス——内発的な学習動機づけは学業成績を予測することができるのか？　教育心理学研究，*59,* 77-87.
西村多久磨・櫻井茂男（2013）．中学生における自律的学習動機づけと学業適応との関連　心理学研究，*84,* 365-375.
西村多久磨・鈴木高志・村上達也・中山伸一・櫻井茂男（2017）．キャリア発達における将来目標の役割——生活満足度，学習動機づけ，向社会的行動との関連から　筑波大学心理学研究，53, 81-89.
小倉泰夫・松田文子（1988）．生徒の内発的動機づけに及ぼす評価の効果　教育心理学研究，*36,* 144-151.
及川千都子・西村多久磨・大内晶子・櫻井茂男（2009）．自ら学ぶ意欲と創造性の関係　筑波大学心理学研究，38, 73-78.
大谷和大・岡田　涼・中谷素之・伊藤崇達（2016）．学級における社会的目標構造と学習動機づけの関連——友人との相互学習を媒介したモデルの検討　教育心理学研究，*64,* 477-491.
Ryan, R. M., & Connell, J. P. (1989). Perceived locus of causality and internalization: Examining reasons for acting in two domains. *Journal of Personality and Social Psychology, 57,* 749-761.
Ryan, R. M., Stiller, J. D., & Lynch, J. H. (1994). Representations of relationships to teachers, parents and friends as predictors of academic motivation and self-esteem. *Journal of Early Adolescence, 14,* 226-249.
桜井茂男（1984）．内発的動機づけに及ぼす言語的報酬と物質的報酬の影響の比較　教育心理学研究，*32,* 286-295.
桜井茂男（1987）．両親および教師の賞賛・叱責が児童の内発的動機づけに及ぼす影響　奈良教育大学紀要，36, 173-182.
桜井茂男（1989a）．内発的動機づけに及ぼす外的評価の予告と報酬予期の効果　教育心理学研究，*37,* 29-35.
桜井茂男（1989b）．質問紙法による児童の内発的動機づけに及ぼす言語的報酬と物質的報酬の効果の比較　実験社会心理学研究，29, 153-159.

櫻井茂男（1997）．学習意欲の心理学――自ら学ぶ子どもを育てる　誠信書房
櫻井茂男（2009）．自ら学ぶ意欲の心理学――キャリア発達の視点を加えて　有斐閣
櫻井茂男（2017）．自律的な学習意欲の心理学――自ら学ぶことは，こんなに素晴らしい　誠信書房
櫻井茂男（2019）．完璧を求める心理――自分や相手がラクになる対処法　金子書房
櫻井茂男（2020）．学びの「エンゲージメント」――主体的に学習に取り組む態度の評価と育て方　図書文化社
櫻井茂男（2021）．無気力から立ち直る――「もうダメだ」と思っているあなたへ　金子書房
櫻井茂男・大内晶子・及川千都子（2009）．自ら学ぶ意欲の測定とプロセスモデルの検討　筑波大学心理学研究，38, 61-71.
桜井茂男・高野清純（1985）．内発的―外発的動機づけ測定尺度の開発　筑波大学心理学研究，7, 43-54.
清水安夫（2011）．中学生を対象とした部活動ストレスモデルの構築―― Negative Way モデル及び Positive Way モデルによる検討　桜美林論考――自然科学・総合科学研究，2(1), 29-43.
杉原一昭・桜井茂男（1987）．児童の内発的動機づけに及ぼす教師の性格特性およびリーダーシップの影響　筑波大学心理学研究，9, 95-100.
鈴木高志・櫻井茂男（2011）．内発的および外発的な利用価値が学習動機づけに与える影響の検討　教育心理学研究，*59,* 51-63.
高地雅就（2017）．中学生の高校受験観と学習動機ならびに適応との関連　平成 28 年度筑波大学大学院教育研究科（スクールリーダーシップ開発専攻）　修士論文

Part 8

職場・家庭・ボランティアで動機づけ研究を活かす

第1節　職場における仕事への動機づけ

ここでは仕事への動機づけについて，比較的よく研究されている（1）教師の仕事への動機づけと（2）一般的な仕事への動機づけに分けて説明します。学校と一般の職場のそれぞれの職場で，対人関係への動機づけについても言及します。

（1）教師の仕事への動機づけ

自己決定理論を構成する有機的統合理論や基本的心理欲求理論に基づいて，教師の仕事（教科指導）への動機づけと健康との関係について検討した研究を紹介します。

どのような職業でも学び続けることが求められますが，教師の場合にはとくによりよい仕事をするために常時学ぶことが求められます。生涯学習時代といわれる現在，新たな知識やスキルを獲得しなければ仕事を的確にこなし続け，有意義な人生を送ることは難しいといえるでしょう。

三和・外山（2015）は，教師の教科指導に対する学習意欲を測定する尺度を作成し（研究1），現職教師と教育実習経験学生の学習意欲の比較（研究2）と教師のワーク・エンゲージメント（仕事に対するポジティブな感情・認識・態度などで，職業適応感ともいえます）と学習意欲との関係（研究3）を検討しました。

その結果，まず教科指導に対する学習意欲（学ぶ理由）が六種類確認されました。それらは，①授業の準備をすることがおもしろいからという「内発的動機づけ」，②授業の準備をすることも仕事の一部だからという「義務感」，③子どもに確かな学力を身につけてほしいからという「子ども志向」，④ほかの先生から認められたいからという「承認・比較志向」，⑤授業がうまくなりたいからという「熟達志向」，そして⑥なぜ授業の準備をするのかまったく考えたことがないという「無関心」でした。

このうち「子ども志向」と「熟達志向」の得点が比較的高く，現職の教師としては望ましい結果といえました。なぜならば，自律性の観点からは，①と③と⑤が高いことが望ましいと考えられるからです。

つぎに，現職教師と教育実習経験学生との比較では，教育実習経験学生（とくに教師になることを強く志望している学生）のほうが「承認・比較志向」の得点が高く，これは教師をめざしている学生の素直な気持ちを反映していると考えられるのではないでしょうか。

さらに，教師のワーク・エンゲージメントとの関係では，「内発的動機づけ」「子ども志向」「承認・比較志向」がポジティブな関係を示しました。「内発的動機づけ」「子ども志向」は自律性の高い理由であり，これらが高いと職業適応感も高いという関係は納得できるでしょう。「承認・比較志向」についての結果は，その理由がよくわかりません。新任の教師がもちやすい理由と思われますが，新任だけでなく一般の教師も，一生懸命仕事に打ち込んで仕事で認められようと努力することが職業適応感につながっているようです。

この研究の続編として，三和・外山（2016）は，新任教師を，①小学校の教師と②中・高等学校の教師に分け，教科指導の学習動機と教職という仕事に対する有能感や精神的健康との関係を検討しました。新任教師を二つの群に分けたおもな理由は，教科担任制かどうか，すなわち専門の教科を教えているかどうか，という点でした。

分析の結果，小学校の新任教師は「内発的動機づけ」と「子ども志向」，中・高等学校の新任教師はそれに加えて「熟達志向」が，授業力の自己評価（たとえば，子どもの反応や変容に気づき，授業に活かしている）に影響し，さらにその評価が子どもの授業態度の認知（たとえば，先生の話を一生懸命聞く）を介して有能感や精神的健康に影響していることがわかりました。また，専門の教科を教えている中・高等学校の教師が，「熟達志向」も有能感や精神的健康に関係している点は，ほぼ予想通りであったと思われます。

なお，この研究は因果関係を直接検討していないため，今後は二時点以上の測定によって因果関係を検討する必要があります。

こうした一連の研究によって，教師の教科指導という仕事における学習動機の自律性が教師の有能感や精神的健康に寄与する可能性の高いことがわかりました。

(2) 一般的な仕事への動機づけ

つぎに，より一般的な仕事を対象に，就業動機（理由）の自律性と精神的健康との関係について，世界各国での研究結果を紹介します。

Deci et al.（2001）は，ブルガリアとアメリカの会社従業員を対象に，職業風土（上司の言動や職場の雰囲気が従業員の自律性を支援するものかどうか），仕事への関与度，精神的健康の指標として不安，自尊感情などを測定しました。分析の結果，自律性を支援する職業風土があると，仕事への自律的な関与度が高く，不安が少なく，自尊感情が高いことがわかりました。

カナダでは，Richer et al.（2002）が，ある大学の卒業生を対象に，一年の間隔を置いて二回の調査（縦断調査）を実施しました。測度のなかには，他者との関係性，有能感，仕事への純粋な興味，就業動機の自律性，職業満足度，情緒的消耗度，離職・転職の意図，離職・転職行動（これのみ二回目の調査）が含まれていました。

分析の結果，他者との関係性がよく，有能感があり，仕事への純粋な興味がある人は仕事に自律的にかかわっており，職業満足度が高く，情緒的消耗度も低くなっていました。さらにこうした人は離職・転職の意図は低く，一年後に離職・転職する人もわずかでした。

なお，ここで測度として使用されている職業「満足度」は，永作・新井（2005）の研究でも人間関係の「満足度」として登場しました（Part 7 第1節 学習への動機づけ）が，その理解には注意が必要です。

満足度とは，要求するもの（求めているもの）が低ければ，その達成は容易であり，達成されれば一定の満足度が得られます。しかし，要求するものが高ければ，その達成は難しく，達成されなければ満足度は低くなります。すなわち，満足度は欲求するものの高さ（いわゆる要求水準）に強く影響されるわけです。このような点から，「意識的に」求めるもの（要求水準）を低く設定すれば，比較的容易に満足度は高まるといえます（櫻井，2010）。

また，他者と比べることも満足度に影響します。同じような要求水準で仕事が達成できたとしても，自分よりも劣っている人も達成できた場合には満足度は下がることが予想されます。満足度という指標はこうした点を考慮して慎重に扱うことが求められます。

本題に戻ります。就業動機に関する研究では，警察官を対象としたOtis & Pelletiar（2005）の研究も興味深いです。彼らはカナダ・ケベック州の警察官を調査対象として，上司の部下（調査された警察官）へのサポート行動，就業動機の自律性，日常的なストレス，身体の不調，仕事の継続意図を測定しました。分析の結果，上司のサポート行動（おもに自律性のサポート）が多いと認識している警察官は，仕事をする動機が自律的であり，ストレスが少なく，仕事を継続する気持ちが強く表れていました。この研究でも，就業動機の自律性がストレスの少ない健康な状態に寄与していると考えられます。

最後に，人生目標の自律性が健康に及ぼす影響について，最初期の基本的な研究を紹介します。Kasser & Ryan（1993, 1996）は，アメリカの大学生や社会人を対象に，内発的な人生目標を強くもつ人のほうが，外発的な人生目標を強くもつ人よりも，自己実現傾向が高く，バイタリティ（活力）があり，抑うつと不安が低く，病気の身体症状が少ないことを明らかにしました。

いくつか参考になる研究をあげましたが，以上のような研究によって，どのような仕事であっても就業動機が自律的であれば精神的健康が良好であること，さらに対人的な面では職場の雰囲気や関係性のよさが就業動機の自律性を促進する条件になっていることがわかりました。

第2節　家庭における子育ての影響

「集団のなか」のひとつとして，「家庭のなか」があります。家庭のなかで行われる“子育て”が子どもの学習動機づけに及ぼす影響については，比較的よく研究されています。また，子育てへの動機づけは子育てをする母親の健康にも影響を与えています。

(1) 発達観や育児感情は養育行動を通して子どもの意欲に影響する

私がかかわった研究（櫻井，2016）では，幼児（幼稚園の年中と年長）と児童（小学1年生～3年生）の学習意欲（おもに内発的な学習意欲）に及ぼす子育て関連要因の影響について検討しました。ここでは興味深い知見が得られた幼稚園児の場合について紹介します。

この研究では，「保護者（おもに母親）の自尊感情や発達観や育児感情」→「保護者の養育行動」→「子どもの学ぶ意欲（内発的な学習意欲）」→「子どもの成績」という因果モデル（図 8-1）が立てられ，それにそって子どもの保護者と幼稚園の保育者を対象に，質問紙調査が行われました。子どもの学ぶ意欲と成績は，幼稚園の保育者によって評定されました。

保護者のもっている自尊感情（自己肯定感）やポジティブな育児感情（子育てにおける自己効力感や育児への肯定感）は，ポジティブな養育行動（子どもの主体性を活かす，あたたかくかかわる，自信を育むなど）を促進しました。一方，固定的な発達観（発達は生まれながらに決まっているという考え方）やネガティブな育児感情（育ちへの不安感や負担感）は，ネガティブな養育行動（物的報酬［ご褒美を与える］，スパンキング，感情的な叱責）を促進していました。そして，ポジティブな養育行動は子どもの学ぶ意欲（おもに内発的な学習意欲：好奇心や粘り強さなど）を促進し，ネガティブな養育行動は学ぶ意欲を抑制しました。さらに，学ぶ意欲は成績（言語，数量，運動の能力）を促進しました。

こうした結果から，保護者のもっている自尊感情や発達観，育児感情が具体的

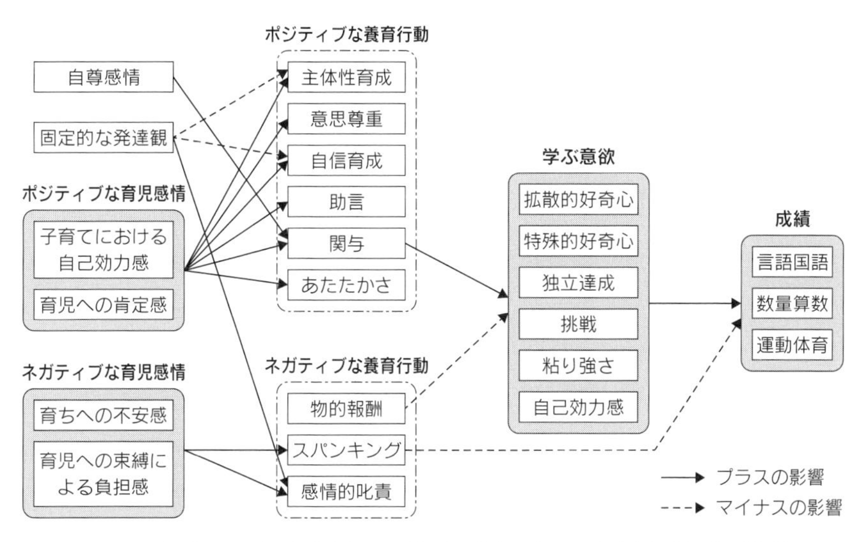

図 8-1　母親の子育てが子どもの学ぶ意欲と成績に及ぼす影響（幼稚園）
（櫻井，2016, p.33）

な養育行動となって子どもの内発的な学習意欲や成績に影響することがわかりました。親自身がいきいきと生活していること，そして子どもの発達は親や子ども自身の努力によって報われると思っていること，さらに育児に自信をもっていることが大事であると思われます。

また，奇しくも，何かができたらご褒美をあげるという養育行動（物的報酬）が，子どもの内発的な学習意欲にとってマイナスであることも実証されました。従来の実験的な研究成果が調査研究でも実証されたわけです。

(2) 安心して学べる環境が子どもの意欲を育む

オーソドックスな研究として，親の養育行動のタイプと子ども（小学校高学年）の内発的な学習意欲との関連をみた研究もあります。

桜井（1988）によると，親が支配的，拒否的，矛盾・不一致（矛盾とは一人の親が時と場所によって子どもへの対応が異なることであり，不一致とは親の間で子どもへの対応が異なること）タイプであると，子どもの内発的な学習意欲は低いことがわかりました。

この結果は，親が支配的であると子どもの自律性が奪われてしまうこと，親が拒否的であるとあたたかい関与が期待できないために子どもが学習に打ち込めないこと，親が矛盾・不一致のタイプであると「時と場所とどちらの親か」によって異なる対応がなされるために子どもが混乱してしまうことなどによって，子どもの内発的な学習意欲が損なわれてしまう可能性を示唆しています。

いずれのタイプの場合も，子どもにとっては安心して学べる家庭環境がないと考えられます。養育行動の研究で有名なバウムリンド（Baumrind, 1971）によると，望ましい養育行動とは，親が子どもの行為に必要な制限は加えるものの，基本的には子どもの自律性を支援する養育行動であるとされます。安心して生活し学べる環境とは，子どもの自律性を支援する環境ともいえます。

(3) 子どもの自律性を支援することが子どもの意欲を育む

アメリカのグロルニックらによる一連の研究（Grolnick & Ryan, 1989; Grolnick et al., 1991）では，親による子どもの自律性支援が取り上げられています。それらによると，親が子ども（小学生）にあたたかくかかわり自律性を支援することによって，子どもの内発的な学習意欲，有能感，自律感が高められました。

表 8-1　親からの自律性援助測定尺度の項目例（桜井，2003, p.26 より作成）

・私の親は，私が間違いをすると理由も聞かずに怒る。(R)
・私の親は，私が自分の意見に従わないと，まずその理由を考える。
・私の親は，私の意見を聞いてくれない。(R)
・私の親は，私が何か失敗しても，私を責めたりはしない。
・私の親は，私が決めたことを尊重する。

注）項目の「親」の部分は，実際の質問紙では，父親用は「父親」，母親用は「母親」と置きかえる。(R) は逆転項目を示す。

こうした研究を参考に，私（桜井，2003）は，わが国の大学生を対象に，高校時代および大学時代（現在）の親の養育スタイルと現在の因果志向性（自律的なパーソナリティ）との関係を検討しました。当該研究では，親に自律性を支援してもらっていると回答した大学生ほど，自律的なパーソナリティ傾向を強くもつことが明らかになりました。

このような研究から，自律性を支援する養育行動は，自律性を支援してもらっているという子どもの認知を生み，その結果として子どもの学習意欲でもパーソナリティでも自律性が高まると考えられます。表 8-1 には，自律性支援の認知に関する尺度項目例を示しましたので，参考にしてください。

(4) 親の学業価値観を子どもがどう認識するかで子どもの意欲が変わる

最後に私どもが行った興味深い研究（倉住・櫻井，2015）を紹介します。この研究では中学生を対象に，①他者である親・教師・友人との親密さ，②そうした他者がもっていると子どもが認識している学業の価値観（勉強は大切である，勉強は将来役に立つ，といった価値観。おもに自己実現への学習意欲と関係する学業価値観），③学習意欲（有機的統合理論に基づく，内的調整，同一化的調整，取り入れ的調整，外的調整）が質問紙によって測定されました。そして，学習意欲に及ぼす，①他者との親密さ，ならびに②他者がもっていると子どもが認識している学業の価値観の影響が，検討されました。

その結果，親との親密さが高いほど，また親が学業の価値観を高くもっていると認識するほど，子どもの自己実現への学習意欲は高くなりました。さらに，この両者には交互作用がみられ，親が学業の価値観をより高くもっていると認識しているほど，子どもの自己実現への学習意欲はより高くなり，その程度は親との親密さが高いほど高くなるという結果でした。

なお，他者が教師や友人の場合には，このような結果は一部にしかみられず，中学生にとって，自己実現への学習意欲の形成に及ぼす親の影響は大きいと感じました。繰り返しになりますが，親が自己実現のために学習することは大事であると思い，さらに子どもとの関係が良好に保てれば，子どもの自己実現への学習意欲はうまく形成されるといえるでしょう。

(5) 完璧主義に基づく子育ては母親の健康にネガティブな影響がある

私は長らく完璧主義について研究してきました（たとえば，櫻井，2019）が，母親の完璧主義的な（達成動機づけが過度に高い場合ととらえることができる）子育てに関する研究でも興味深い結果が報告されています。

三重野・濱口（2005）は，0 ～ 3 歳児をもつ母親 290 名程度を対象に，子育てにおける完璧主義と子育てにおける五種類のストレス反応（いやな出来事によって生じる不適応反応）との関係について検討しました。

子育てにおける完璧主義尺度は，Hewitt & Flett（1991）や大谷・桜井（1995）を参考に，自己志向的完璧主義（たとえば，完璧にできなければ，子育てが成功したとはいわない），子ども志向的完璧主義（たとえば，子どもには高い期待をかけてしまう），社会規定的完璧主義（たとえば，まわりの人は私に母親として完璧であることを求めている）の観点から作成されました。

分析の結果，子育てにおけるストレス反応（不適応傾向）に大きな影響を与えたのは，自己志向的完璧主義と社会規定的完璧主義でした。自己志向的完璧主義は，ストレス反応のなかの「自信の欠如・自責の感情」（たとえば，自分は母親として失格である），「感情の不安定感」（たとえば，自分自身の感情が不安定だと感じる），「子育て疲労感」（たとえば，子どものことがかわいく思えないことがある），「社会的孤立感・退屈感」（たとえば，自分の社会に対する視野がだんだん狭くなっていくように感じる）に，社会規定的完璧主義は，「子育て否定感」（たとえば，子育てに生きがいを感じることができない）と「社会的孤立感・退屈感」に影響していました。

社会規定的完璧主義に基づく子育ては周囲からのプレッシャーによって起こることが多く，母親のそばにいる人たちが注意をする必要があります。詳しくは櫻井（2019）をご参照ください。

第3節 ボランティア活動における動機づけ

近年，ボランティア活動が盛んになってきました。これはとても素晴らしいことだと思います。このボランティア活動にかかわる動機（づけ）についての研究も散見されます。櫻井（2020b）を参考に紹介します。

(1) ボランティア動機は複数ある

1995年に発生した阪神・淡路大震災や2011年に発生した東日本大震災を契機にして，ボランティア活動に参加する人が増えているようです。ボランティア活動に参加する人たちは，どのような動機や理由で参加しているのでしょうか。

ボランティア活動は「個人的な関係をもたない見ず知らずの他者のために，強制されなくて自分の意志で，見返りも求めずに行う行為」（伊藤，2011）と定義されます。この定義には，公共性，自発性，無償性といったボランティアの要件が含まれており，向社会的行動のそれとほぼ一致します（p.22参照）。しかし実際には，小中学校でのボランティアのように半強制的に参加させられたり，「有償ボランティア」と呼ばれるような何らかの報酬をともなった活動に参加したりすることも「ボランティア」活動と総称されています。

こうしたボランティア活動における動機（あるいは理由）の研究をレビューした論文（伊藤，2011）によると，ボランティア動機には，向社会的な動機（たとえば，被害に遭われた人がかわいそうだから，他者のために役立ちたいから）も確認されましたが，利己的な動機（自分が成長できるから，自己実現できるから，仲の良い仲間ができるから）も見出されました。現実的には，ボランティア活動をする動機は複数あり，それらが個人のなかに併存しているようです。

よく考えてみれば，このことはあたりまえなのかもしれません。災害に遭われた他者を助けたいという動機が主となり，ボランティアの経験が自分の将来に役立つかもしれないという動機が従となって参加する人もいるでしょうし，反対に自分が成長したいという動機が主となり，他者の役に立つならそれもいいというような動機が従となって参加する人もいるのではないでしょうか。

さらに，過去に災害に遭いボランティアの人に助けてもらった経験をもつ人はそのときの恩返しとして，また高齢者のなかには，ほぼ同じような動機ではありますが，これまでの人生で多くの人に助けられてきたのでその恩返しとしてボランティアに参加する，というケースもみられます。高齢者のなかには，早期に「ボケない」ためや，「ボケてしまって家族に迷惑をかけない」ために参加する，という動機が主や従となっている場合もあるかもしれません。

(2) ボランティア活動の継続で自己成長や自己実現の動機が強くなる

私ども（桜井・桜井，2000）も，かつてボランティア動機について調査を行いました。この分野では先駆けとなる研究でした。先のレビュー論文の結果と同じような結果が見出されましたが，当時は思いやりの動機がもっとも大事であると思い込んでいたため，落胆して放置してしまいました。

その研究では大学生130名ほどを対象に，ボランティア動機に関する質問紙を作成し，ボランティア経験との関係を分析しました。回答者には，ボランティア活動をしたことがある（している）人にはそのときのことを思い出して，ボランティア活動をしたことがない人にはボランティア活動をすると予想して，回答してもらいました。

ボランティア動機には，利己的な「自己の成長につながるから」という自己成長の動機因子（まとまり）や同じく利己的な「自分の就職に有利であるから」という仕事のための動機因子，さらに向社会的な「かわいそうだから」という共感の動機因子など，六つが見出されました。

つぎに，ボランティア経験の程度によって，過去にも経験していて現在も参加している大学生群（ボランティア活動継続群）と，これまでボランティア活動をしたことがない大学生群（ボランティア活動なし群）を設定し，両群でボランティア動機得点を比較しました。大きな違いがみられたのは自己成長の動機得点で，ボランティア活動継続群のほうが高いという結果でした。ボランティア活動を続けていると，自己成長のようなどちらかといえば利己的な動機が強くなることが判明したのです。共感の動機因子にはそうした差はありませんでした。

当時はこうした結果に落胆しましたが，その後に先述のレビュー論文を読み，ボランティア活動を続けていると，向社会的な動機が強くなる人もいるが，どちらかといえば自己成長や自己実現などの利己的な動機が強くなる人も多いことを確認しました。

こうした結果へのひとつの解釈として，「自分が成長し自己実現することは，自分が後に他者や社会のために役立つことでもある」ととらえれば，向社会的な動機との関係を損なうことはないと考えています。ポジティブに偏した解釈かもしれませんが，いつの日かこのような仮説が実証できる日がくることを夢見ています。

■引用文献

Baumrind, D. (1971). Current patterns of parental authority. *Developmental Psychology Monographs, 4,* 1-103.

Deci, E. L., Ryan, R. M., Gagne, M., Leone, D. R., Usunov, J., & Kornazheva, B. P. (2001). Need satisfaction, motivation, and well-being in the work organizations of a former eastern bloc country: A cross-cultural study of self-determination. *Personality and Social Psychology Bulletin, 27,* 930-942.

Grolnick, W. S., & Ryan, R. M. (1989). Parent styles associated with children's self-regulation and competence in school. *Journal of Educational Psychology, 81,* 143-154.

Grolnick, W. S., Ryan, R. M., & Deci, E. L. (1991). Inner resources for school achievement: Motivational mediators of children's perceptions of their parents. *Journal of Educational Psychology, 83,* 508-517.

Hewitt, P. L., & Flett, G. L. (1991). Perfectionism in the self and social contexts: Conceptualization, assessment, and association with psychopathology. *Journal of Personality and Social Psychology, 60,* 456-470.

伊藤忠弘（2011）．ボランティア活動の動機の検討　学習院大学文学部研究年報，58, 35-55.

Kasser, T., & Ryan, R. M. (1993). A dark side of the American dream: Correlates of financial success as a central life aspiration. *Journal of Personality and Social Psychology, 65,* 410-422.

Kasser, T., & Ryan, R. M. (1996). Further examining the American dream: Differential correlates of intrinsic and extrinsic goals. *Personality and Social Psychology Bulletin, 22,* 280-287.

倉住友恵・櫻井茂男（2015）．中学生における「他者との親密さ」ならびに「他者が有する学業への価値観の認知」が学業動機づけに及ぼす影響――親・教師・友人に注目して　筑波大学心理学研究，50, 47-58.

三重野祥子・濱口佳和（2005）．乳幼児をもつ母親における子育て完全主義傾向と育児ストレスの関連　筑波大学心理学研究，29, 109-116.

三和秀平・外山美樹（2015）．教師の教科指導学習動機尺度の作成とその特徴の検討　教育心理学研究，*63,* 426-437.

三和秀平・外山美樹（2016）．新任教師の教科指導学習動機と教職における自己有能感および健康状態との関係　教育心理学研究，*64,* 307-316.

永作　稔・新井邦二郎（2005）．自律的高校進学動機と学校適応・不適応に関する短期縦断

的検討　教育心理学研究，*53,* 516-528.
大谷佳子・桜井茂男（1995）．大学生における完全主義と抑うつ傾向および絶望感との関係　心理学研究，*66,* 41-47.
Otis, N., & Pelletiar, L. G. (2005). A motivational model of daily hassles, physical symptoms, and future work intentions among police officers. *Journal of Applied Social Psychology, 35,* 2193-2214.
Richer, S. F., Blanchard, C., & Vallerand, R. J. (2002). A motivational model of work turnover. *Journal of Applied Social Psychology, 32,* 2089-2113.
桜井茂男（1988）．内発的動機づけに及ぼす養育態度の影響　奈良教育大学教育研究所紀要，24, 77-82.
桜井茂男（2003）．子どもの動機づけスタイルと親からの自律性援助との関係　筑波大学発達臨床心理学研究，15, 25-30.
櫻井茂男（2010）．序章１　なぜ，現状に対する満足度は高まったのか――動機づけ心理学からの考察　ベネッセ教育研究開発センター　第２回子ども生活実態基本調査報告書――小４生～高２生を対象に　研究所報，Vol.59　ベネッセコーポレーション
櫻井茂男（研究代表）（2016）．学ぶ意欲に及ぼす子育て関連要因の影響に関する研究　調査研究シリーズ，No.69　日本教材文化研究財団
櫻井茂男（2019）．完璧を求める心理――自分や相手がラクになる対処法　金子書房
櫻井茂男（2020）．思いやりの力――共感と心の健康　新曜社
桜井登世子・桜井茂男（2000）．ボランティアの動機についての検討　日本教育心理学会第42回総会発表論文集，374.

Part 9

子どもの発達に動機づけ研究を活かす

子どもにおける動機づけ，とくに学習への動機づけと向社会的な動機づけについて，その発達の様相や育て方を紹介します。まずは自ら学ぶ意欲，つぎに学びのエンゲージメント，そして最後に向社会的動機づけの大切な要素である共感について，まとめます。

第1節　自ら学ぶ意欲の発達を促す

自己決定理論や自ら学ぶ意欲についての理論では，心理的欲求はうまく刺激されると具体的な目標をともなった動機づけ状態（学習意欲）となり，つぎに目標が達成される（成功する）と心理的欲求が充足され精神的な健康や適応にいたる，というプロセスを提示しています。

ここでは心理的欲求の観点から，①知的好奇心，②有能さへの欲求（自律性の欲求を含む），③向社会的欲求，④自己実現の欲求を取り上げ，それらが具体的な目標をともなった自ら学ぶ意欲（内発的な学習意欲，達成への学習意欲，向社会的な学習意欲，自己実現への学習意欲）となって学習を推進するプロセスを，櫻井（2019, 2020a）を参考に発達的にとらえます。それとともに，子どもの望ましい育て方について紹介します。

(1) 四つの心理的欲求

四つの心理的欲求，すなわち知的好奇心，有能さへの欲求（自律性の欲求を含む），向社会的欲求，自己実現の欲求について簡単に説明します。

1）知的好奇心

わが国の学習動機づけ研究のなかで，もっともよく知られている心理的欲求は，「知的好奇心」です。好奇欲求や好奇心も知的好奇心とほぼ同じ意味の用語です。新しいものや未知のものに興味・関心をもち，よくわからないことを探究したいと思う気持ちです。人間だけではなく，サルにも存在することが知られています。

幼児（生後1歳半から就学前までの子ども）を観察していると，見るものすべてに興味・関心をもち，手で触ってみたり，口に入れてみたりして探究する姿によく出会います。これが典型的な知的好奇心の現われです。

幼児期は，知的好奇心がとくに旺盛な時期です。3歳頃になると，それまでの経験から自分が特別に興味・関心を向ける対象が決まってきます。子どもをよく観察していると，個々に特別に興味・関心を示すものがあります。私の息子の場合は，レゴでした。きわめて長時間，熱中していたことを覚えています。その後の知能検査で，空間定位や空間構成の能力が優れており，建築関係の仕事等に向いているのではないかと指摘されました。その指摘通り，息子は建築関係の学部・大学院に進みました。

心理学では，何にでも興味・関心を向けて探究しようという好奇心を拡散的好奇心（divergent curiosity），その反対に限定されたことに対して強い興味・関心を向けて深く探究しようという好奇心を特殊的好奇心（specific curiosity）といいます。いずれも大切な好奇心であり，それらがあるからこそ，人間は多様で深い学びができます。浅く広く学んでみたり，ひとつのことを深く学んでみたり，そしてそれらが影響し合い，よく考えることで新しい知識や発見が生まれます。このような意味から，知的好奇心は創造性のみなもといえます。この心理的欲求が充足されると「学ぶことのおもしろさや楽しさ」や「有能感」を感じることができます。

2）有能さへの欲求

有能さへの欲求は，達成欲求を含むより大きな枠組みの心理的欲求で，簡単にいえば有能でありたいという欲求といえます。達成（優れた水準で物事を達成すること）は有能さを示すひとつの指標ですが，そのほかにも成長（以前の自分よりもできるようになること：これが欲求になると「成長欲求」といいます）や優越（他者よりも優れること：これが欲求になると「優越欲求」といいます）や自律（自己決定すること：これが欲求になると「自律性の欲求」といいます）も有能さを示す指標と考えられます。

また，実際には有能ではない（優れた水準等で達成ができない）場合に，他者に無能であると見られたくない，あるいは他者に有能であると見られたいという欲求も，この有能さへの欲求に含めることがあります。少し複雑ですが，有能であることには多くの要因が関連していることがわかります。

なお，一般に有能さへの欲求が充足されると，有能感や効力感が形成されます。

3）向社会的欲求

「向社会的」とは“prosocial”という英単語の訳語です。この英単語には，人の力になる，社会のためになる，という意味があり，これを日本語で表現するために「向社会的」という言葉ができました。つまり，向社会的欲求とは，人のためになりたい，社会に貢献したいという心理的欲求のことです。

この欲求は，人や社会と関係した社会的欲求であり，前述の二つの欲求とはやや異なります。人の役に立つため，あるいは社会に貢献するために学ぶこと，それがこの欲求によって導かれる学びです。この心理的欲求が充足されると，おもに「自己有用感」を感じることができます。

4）自己実現の欲求

自己実現の欲求とは，自分の長所を活かし自分らしく生きたいという欲求であり，これがもとになって，自己実現への学習意欲が喚起され，自己実現のための目標（将来や人生の目標）が決定され，それを達成するために長期的な学習に励むようになります。

ただし，図 9-1 に示すように，自己実現の欲求は小学校高学年頃に形成され，この時期にならなければ自己実現への学習意欲も生じません。図にある通り，乳幼児期からある「知的好奇心」「有能さへの欲求」「向社会的欲求」が統合されることで，形成されます。知的好奇心によって自分が特別に興味・関心のあることに深くかかわろうとし，有能さへの欲求によってその興味・関心のあることがよくでき，将来もよくできていたいと望み，そしてできればそのことで他者や社会

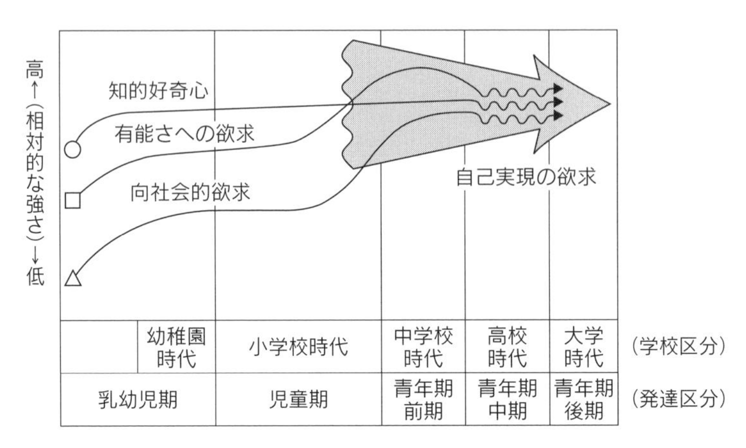

図 9-1　自己実現の欲求の形成過程（仮説）（櫻井，2020a, p.32）

の役に立ちたいという思いが高じて自己実現の欲求が形成されると考えられます。ただし，個別の「知的好奇心」「有能さへの欲求」「向社会的欲求」がなくなるわけではありません。その点には，ご注意ください。

小学校高学年頃に二次性徴などを契機として自分自身に意識が向くことから，自己理解が深まり，将来を展望して自己実現の欲求が高まってきます。そうなると自己実現への学習意欲によって「このような大人になりたい」「こんな仕事をやってみたい」というような将来や人生の目標が形成され，その目標を達成するために具体的な学習活動が展開されます。

ただし，自己実現への学習意欲は，遠い将来や人生の目標を達成するためにはたらく意欲であるため，現実的には，長期の計画のもとでいま現在の学習に対して直近の目標を設定しそれを達成することの継続が重要となります。そして，このような直近の目標を達成することにより，将来や人生の目標も達成できるという見込みが高まるため，おもに「充実感」を感じることになります。

したがって，現在の学習活動には，自己実現への学習意欲によって将来や人生の目標を達成しようとする面も含まれること，ただし現実的には上記の「知的好奇心」「有能さへの欲求」「向社会的欲求」に基づく内発的な学習意欲，達成への学習意欲，そして向社会的な学習意欲によって，おもに学習活動が展開されると理解することが重要です。

(2) 四つの心理的欲求と自ら学ぶ意欲の発達

四つの心理的欲求が子どもの発達とどのようにかかわるのか，さらにどのようにしたら心理的欲求を自ら学ぶ意欲や学習活動へと導けるのかについて，櫻井（2019）をもとに説明します。

1）各発達期における心理的欲求の現われ方

図 9-2 は，子どもの発達段階（乳幼児期，児童期，青年期）にそって，①四つの心理的欲求がどのように発達するのか，そして②心理的欲求が充足されると子どもはどのような気持ち（認知や感情）になるのか，さらに③心理的欲求によって喚起される四つの自ら学ぶ意欲とはどのようなものかを，模式化したものです。この図に基づいて，心理的欲求を刺激して自ら学ぶ意欲を引き出し，適切な学習プロセスへと導く方法やヒントを紹介します。

2）知的好奇心を刺激して自ら学ぶ意欲を引き出す

知的好奇心を刺激して自ら学ぶ意欲を引き出すには，子どもが学ぶことに興

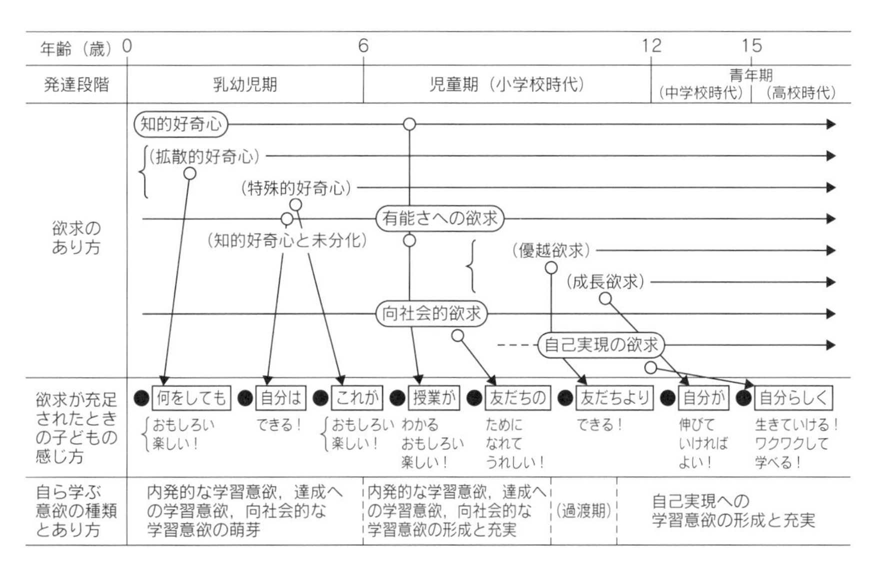

図 9-2　発達段階，欲求のあり方，欲求が充足されたときの子どもの感じ方，欲求の充足によって引き出される自ら学ぶ意欲の種類の関係（櫻井，2020a，p.104）

味・関心をもてるようにすること，学ぶ過程で学ぶことが「おもしろい」「楽しい」と思えるようにすることの二つが大切です。人間は本来知的好奇心が旺盛であるため，うまく刺激さえすれば自ら学ぶ意欲が引き出されるはずです。しかし，それは結構難しいようでもあります。

◆乳幼児の頃（6歳くらいまで）

3歳頃までは，その子らしい興味や関心（内発的な意欲）が引き出されやすい環境，すなわち安心して学べる環境をつくることがもっとも大切です。そのためには，主たる養育者（おもに母親）との間に安定したアタッチメント（心の絆）を形成すること，そして母親などが子どもの「安全基地」となり，子どもをその周囲で自由に探索活動ができるようにすることが必要です。

安定したアタッチメントが形成されると，この時期の子どもは母親のそばで，母親がそこにいることを確認しながら盛んに探索活動をはじめます。そしてそうした活動に満足すると，にこにこしながら母親のもとに戻ってきて，とくに何か発見があったとき（たとえば，きれいな葉っぱを発見して拾ったとき）には，それを見せて承認してもらおう，ほめてもらおうとします。そんなときにはにっこりと微笑み，しっかり抱きしめ「きれいね」「すごいね」などとほめてあげましょう。これで知的好奇心は充足され，興味や関心（内発的な意欲）は引き出されやすくなります。

また，言葉が少し話せるようになると，「これはなに？」「これはどうして？」などの質問を連発するようになります。こうした質問に対しては，できるだけ「その場で」「わかりやすく」答えてあげましょう。そうすることで，子どもは安心して好奇心を満足させ，おもしろさや楽しさを感じることができます。

もちろん，そうした答えで子どもが納得できるかどうかは重要です。たとえば，「赤ちゃんはどこからくるの？」という質問に「コウノトリが運んでくるのよ」と回答して，子どもが納得するようであれば，そのときはそれでOKです。成長とともに同じような質問を繰り返しますが，求められる回答はより科学的になり，そうでなければ納得しなくなります。

3歳から就学前までの幼児期後期には，知的好奇心のうちの「特殊的好奇心」が発達してきます。それまでは何にでも興味・関心が喚起される「拡散的好奇心」が中心でしたが，やがて多様なものへの興味・関心によってもたらされる結果（よくできた，おもしろかった，楽しかったという経験）によって，その子にとって特別な興味・関心（特殊的好奇心）が形成されるようになるのです。

子ども自身はまだ自覚していないかもしれませんが，そうした特別な興味・関心のあるもの（たとえば，木の幹で生活するクワガタやカブトムシ）には長時間じっくりかかわるようになります。そのような状況が見られるようになってきたら，親も保育者も子どもがもっている特別な興味・関心を刺激するような情報を与えましょう。クワガタの例でいえば，「クワガタは何を食べているのかな」「クワガタは空を飛べるのかな」などと尋ねてみるとよいでしょう。そして，一緒に調べてみるのもよい経験になると思います。

特殊的好奇心は，その子の個性のもとになるような好奇心であり，これに関連した興味・関心は，将来的に就きたい職業，めざしたい仕事とも密接に関連するようになるはずです。それゆえ，とても重要な好奇心です。そうした特別な興味・関心のあることでうまく達成ができたら（たとえば，クワガタの絵がうまく描けたら）十分にほめてあげたり，何か発見があったら（たとえば，種類の異なるクワガタを見つけたら）そのときの気持ち（感動や驚き）に共感してあげたりすることも大切です。そうすることで，内発的な学習意欲の芽がしだいに膨らみます。

◆小学生の頃

小学校に入ると「授業」がはじまり，保育園や幼稚園とは環境が大きく変わります。小学校ではまず教師やクラスメイトと新たな対人関係を形成し，教室が安心して学べる場所になることが重要です。そして，新たに始まる授業によって知的好奇心が刺激され，内発的な学習意欲が形成され，活発な学習が展開されるようになるはずです。

子どもにとって，①授業はがんばれば「わかる（理解できる）」ものであり，②授業の最初と最後を中心に「おもしろい」「たのしい」というポジティブな感情が多く経験され，③テストではよい成績がとれる（有能さへの欲求の充足）ように指導することが大事です。

知的好奇心を充足させるには，授業の内容がわかることがとくに重要な条件です。わからないと授業はおもしろくなく，学ぶ意欲は減退してしまいます。学校生活において，積極的にクラスメイトと話し合える場面や知識が活かせる場面を用意して，仲間とともに理解し合えることが楽しい，知識を活かせることがおもしろいと思える経験をさせましょう。

わかる授業が続くと，子どもはその授業やひいてはその教科が好きになり，自然に意欲が喚起されます。一般に，小学校低学年では拡散的好奇心も旺盛であるため，「わかる経験」によって多くの教科が意欲的に学べます。さらに，授業で取り上げられる学習内容はそれほど難解ではなく，うまく説明できるならば，多くの子どもに理解できると期待されます。

小学校の高学年になると，授業内容は難しくなり，抽象的な思考が要求されるようになります。低学年では具体的なもので例示すれば論理的な思考（ピアジェのいう具体的操作）ができますが，次第にそうした具体的な例示がなくても論理的で抽象的な思考（ピアジェのいう形式的操作）ができるまでに成長します。

授業内容は，小学校 3，4 年頃から抽象度が高まります。この時期に学習につまずくことを「9 歳の壁」あるいは「10 歳の壁」といいます。つまずいている場合には，適宜具体的なことがらを用いて理解を助ける授業が大切になります。

◆中学生の頃

中学校に進学すると，学習内容がさらに専門化して高度になり，教科担任制が本格的にスタートします。専門の知識をもった教師が，専門の知識やスキルを駆使して，子どもの知的好奇心をくすぐる授業を展開することが重要です。

この時期には個々の子どもにとって興味・関心のある教科が限定されてくるため，興味・関心が低い教科の授業では自分の興味・関心に引き付けて学ぶように指導することも有効でしょう。ただ，中学生くらいになると，興味・関心だけではなく，自分の将来を考慮して，学校での授業には学ぶ価値があると思えたら，すなわち将来（人生）の目標を意識して，その達成をめざして現在の学習を価値づけられたら（たとえば，教師になるには英語の勉強は大事であると思えるなど），自己実現への学習意欲が引き出され，その効果として自発的に学べるようにもなります。

3）有能さの欲求を刺激して自ら学ぶ意欲を引き出す

図 9-2 に示した通り，有能さへの欲求にはおもに，他者よりも勝りたいという優越欲求（need for superiority）と，過去の自分よりもできるようになりたい（成長したい）という成長欲求（need for growth）があります。こうした心理的欲求を刺激して自ら学ぶ意欲を引き出すことが重要です。

幼少期にはこのような欲求の区別はほとんどみられず，課題の出来栄えを母親にほめてもらえれば満足します。小学校低学年になると優越欲求が芽生えはじめ，高学年にはかなり強くなります。一方，成長欲求は優越欲求では対応できないとき，すなわち多くの場合は競争しても他者（クラスメイトなど）に勝てないときにその存在に気づくようです。もちろん，気づかないで悩んでいるときには，教えてあげる必要もあります。

成長欲求は，他者と競争するのではなく，自分の基準で少しずつ伸びていけばよいとする欲求であるため，学習場面では目標を決め，その目標の達成をめざして努力した結果を評価する絶対評価と関連しています。

さて，有能さへの欲求を刺激し自ら学ぶ意欲を引き出すには，子どもが自分を有能だと思えることが第一です。具体的にいえば，勉強ができる（よい成績がとれる）と思えることが大事です。勉強ができるためにはわかる（理解できる）必要がありますので，わかる・できるという両方の経験をさせることが不可欠といえます。

幼児期初期には成功・失敗の判断がうまくできないため，出来栄えをほめたりそれにご褒美を与えたりして，有能であるという感覚を強めることも大事です。小学校高学年頃になれば，自己強化能力（メタ認知能力のひとつ）が発達してくるため，勉強の内容がわかったときやできたときに，そのことを取り立ててほめなくても（ほめてもよいですが）あたたかく見守るだけで，同じように有能であるという感覚を強めることができます。

また，成長とともにご褒美は内発的な学習意欲を低減させてしまうことになり，その使用には注意が必要です。ご褒美（物質的な報酬）に依存することがないように，頻繁に使用することや前もって報酬を約束する（ご褒美で釣る）ことは避けるべきです。

なお，有能さ（コンピテンス）には，学業に対する有能さのほかに，社会的な有能さ（社会的コンピテンス）が含まれます。対人関係がうまくつくれたり，望ましい対人関係が維持できたりすること，他者や社会のために何らかの貢献ができることなどは，社会的有能さと呼ばれます。それゆえ「向社会的欲求」も有能さの欲求のひとつに位置づけられます。有能さにはほかに，全体としての自分（自己）に対する有能さである自尊心や自尊感情（セルフ・エスティーム），自己価値，それにスポーツに対する有能さもあります（桜井，1983 参照）。

◆乳幼児の頃（6歳くらいまで）

生まれてから3歳頃までは，子どもが何かできたとき，とくにできたものをうれしそうにもって近づいてきたときに，微笑みながら抱き上げたり頬ずりをしたりして十分にほめてあげましょう。十分にほめると脳の報酬系が活性化し，自分が有能であるとの思い（認識）が強まるようです。

2歳前後からは基本的な生活習慣を習得するためのトレーニングがはじまります。一人で食べたり，一人で衣服の着脱ができたり，一人でトイレが使えたりする（小便・大便をする）ことを訓練によって習得しなければなりません。順調な発達のためには，3歳の終わりから4歳のはじめまでには，こうした生活習慣を確立する必要があります。

とくにトイレの使用がうまくできない子どもは多いといいます。気長に，忍耐強く子どもができるようになるのにつきあいましょう。そして少しでも進歩が認められたら，十分にほめて自信をつけてあげましょう。もちろん，スキンシップによって養育者のあたたかさが感じられるようにすることは何にもまして大事です。

この時期には，基本的な生活習慣の獲得がもっとも大きな有能感の源泉であり，この有能感が有能さの欲求を充足してさらなる意欲を喚起します。

3歳頃からは，基本的生活習慣のうちでもやや高度なもの（たとえば，食事の前に手を洗う，食事の後に歯を磨く，衣服の調整ができる，排泄の後始末がきちんとできて手を洗う）が習得できるようになります。少しずつでも高度な生活習慣が身についてきたら，ほめてあげましょう。さらに，子どもは新たな生活習慣（たとえば，箸で食べる）を自発的に行おうとしますので，その気持ちを汲んでゆとりをもってその行為を見守ることが大事です。

さらに，発達の早い子どもは，降園後に帰宅して，友達にはできたのに自分にはできなかったこと（たとえば，ジャングルジムに登る，昼食を時間内に食べる，うまく走る）を，時には悲しい目をして母親に話すようになります。他者との比較（社会的比較）ができるようになるのは成長の証ですが，こうした子どもの場合には，できないことをそのままにしておくと有能感が低下し，有能さへの欲求も低減してしまうかもしれません。子どもの話をよく聞き，悲しい気持ちを受容し共感するとともに，母親ができる範囲で，また必要であれば園の先生とも相談しながら，自宅で練習するとよいでしょう。

子どもが自分の心の重荷を母親に話せることは，母親が安定したアタッチメントの対象，すなわちいざとなったらいつでも駆け込める安全基地になっている証拠です。

◆小学校低学年の頃

小学校に入学してのもっとも大きな変化は，授業がはじまることです。授業で，子どもの有能さへの欲求を刺激し自ら学ぶ意欲を引き出すには，授業内容がわかると同時に，テストや試験でよい点をとることが必要です。そうすれば有能感を感じることができます。

テストでよい点をとるだけでなく，宿題や作文の提出に対して教師から高い評価を得ることも同じように有能感につながります。テストでよい点をとるには，授業内容がわかることが前提であり，さらにいえば深くわかることが高い得点につながります。「わかること」を安易に考えてはいけません。

また，低学年の授業では，基本的な知識をしっかり身につけ，その知識を考えるための材料にすることも大事です。現代は高度なパソコンやAIの登場などで，覚えること（記憶）を軽視する風潮があります。そうした機器や人工物の使用は今後さらに増えますが，私たちがしっかり考え判断して表現するには，基本的な知識をしっかり身につけておく必要があります。一度覚えただけでは，記憶は長続きしません。短記記憶を長期記憶に移して長く保存するには，復習が重要です。そのために教師は宿題を課したり，テストをしたりします。これらすべてが記憶のためではありませんが，小学校低学年では，テストでよい成績をとることは長期記憶（知識）を豊かにするためにも重要です。

さらに，学習内容を定着させるために家庭での学習習慣を形成することもこの時期の課題です。学習習慣を形成することによって，宿題や復習，予習を継続して行えるようになれば，現在そして将来にわたってよい成績をとれる可能性が高まります。

なお，この時期はピアジェがいう「具体的操作期」にあたります。具体的なものを使って教えることで，子どもは論理的に思考ができます。そのことを十分に承知して，授業を構成し工夫することが必要です。

◆小学校高学年の頃

小学校高学年頃から，友達よりもよい成績をとりたいとか，クラスメイトに負けたくないという欲求が強くなります。他者（友達やクラスメイト）との比較を通して自分の出来栄えを評価する相対評価が頻繁に起こります。これまでのように友達と同程度の出来栄えでは有能とは思えなくなるのです。この心理的欲求（優越欲求）は他者と競い合い，自分の能力を磨くことにつながるというポジティブな面をもっている一方，競争にいつも負けてしまうと無能感が高じるというネガティブな面ももち合わせています。それゆえ，この欲求をうまく刺激して，子どもの自ら学ぶ意欲を引き出すことが，大切になります。

一般的に，その子が得意な教科や分野では，競争をしても勝つことが多いため有能感を感じること，それも一番であればものすごく高い有能感を感じることができ，それが有能さの欲求を経由して自ら学ぶ意欲を高めることにつながるでしょう。一方，その子が苦手な教科や分野では競争しても勝つことはほぼ不可能であり，この場合には競争はひとつの出来事として冷静に受け入れ，自分がこれまでよりも少しでも伸びたことをよしとする成長欲求に基づいて切磋琢磨するほうが，無能感を抱かずに有能感を維持し向上させることにつながるでしょう。

成長とともに学校現場での競争は避けられませんが，競争の結果をどう受けとめたらよいかを指導することで，有能感を高めたり維持したり，さらには多少の低下ですませることができます。この時期，オールマイティの子どもは競争を好み，勝って満足し高い有能感を得ることができますが，そうした子どもでも中学校，高等学校，大学と進むにつれて徐々にオールマイティではなくなる（苦手教科ができてくる）ことを経験します。その時期がいつなのかは潜在的な能力や努力によって異なりますが，いずれにしてもそうした時期がいつかやってくることは確かであり，成長することをよしとする成長欲求の重要性をできるだけ早いうちに理解させておくほうが得策と考えられます。

なお，成長欲求では自分なりに成長することをよしとするため，たとえ少しの成長にも喜びを感じられれば，自ら学ぶ意欲を喚起できます。自分の成長を楽しめることは，大切な発達課題です。

◆中学生の頃

中学校に入ると，各教科の内容はさらに高度になります。教科担任制となり，子どもにとって得意な教科と不得意な教科がよりはっきりしてきます。先に説明した通り，どの教科でクラスメイトと競争して（勝って）有能感を得られるのか，またどの教科ではそうしたことをほどほどにして自分が成長できればよしとして成長感を得るのかをある程度考えて対応できるようになることが課題でしょう。

各教科でよい成績やよい成果をあげるには，自分ひとりでがんばるのではなく，クラスメイトやその他の人と協力してがんばることも必要になります。みんなで一緒にがんばってよい成績や成果をあげるような機会，具体的にはグループ学習のような機会も大切です。クラスメイトやその他の人のために自分が貢献できるという意味で，対人的な有能感を得られるよい機会になります。このような学習形態は，新学習指導要領における「対話的な学び」のひとつとして位置づけられるでしょう。

また，この時期にはメタ認知の発達によって，学習している自分をモニターし，適宜，学習の仕方を調整したり，気晴らしをしながら効率的に学んだりする自己調整学習ができるようになります（Part 4 参照）。早い子どもは小学校高学年からできるようになりますが，本格的な自己調整学習は中学生になってからです。これができれば，まさに自律的な学習者といえます。

メタ認知能力のなかには，自己強化という能力も入っています。親や教師にほめられなくても，よい成績がとれたときには自分をほめ，悪い成績しかとれなかったときには反省し自分を激励することができる能力です。これは素晴らしい能力です。ときには親や教師による賞賛や激励も必要ですが，それがなくてもがんばれるところに自律した人間に成長した中学生の強みがあります。

中学生は，大人と同じような抽象的で論理的な思考力を獲得する時期にあり，これはピアジェが提唱した思考の発達段階でいえば「形式的操作期」にあたります。中学生は純粋に論理的であるため，大人の曖昧さを軽蔑するようにもなります。論理的な思考の素晴らしさとともに，それを社会に適用する際の柔軟性を学ぶことも必要です。ただし，ずる賢くない程度の柔軟性ということが大事です。

一方，有能さを感じてそれによって有能さへの欲求を刺激すると同時に，有能でないことを知りより有能になりたいという欲求を刺激する場合もあります。また怠けてよい成績がとれなかったときには，親や教師に叱られることが，その子の気持ちを引き締め，つぎはがんばろうという気持ちにさせることもあります。こうした場合には叱ってもらえることはうれしいことです。親や教師との信頼関係に基づいて中学生に対応しましょう。

とくに能力が高いためにあまり努力せずに周囲のクラスメイトと同程度のことができてしまう子ども（ギフテッド［gifted children］やそれに近い子ども）に

は，より高度な課題を与えてもっと能力が発揮できるようにがんばれと励ますことも大切です。

近年，行動遺伝学が盛んになり，学業成績には遺伝的要因がかなり強く作用していることがわかってきました（安藤，2018）。思うようによい成績がとれないとき，十分な努力もせずに「遺伝のせいだから仕方がない」とすぐに諦めることは禁物ですが，どんなに努力をしてもよい成績がとれないのであれば，それには遺伝もひとつの要因としてかかわっていることを知るとよいかもしれません。

ただし，小学校や中学校程度の学習内容であれば，時間をかけて十分に努力をすれば，ほとんどのことは理解でき，習得できる（マスタリー・ラーニング［mastery learning］）と思います。

4）向社会的欲求を刺激して自ら学ぶ意欲を引き出す

子どもの場合，向社会的欲求とは，おもにクラスメイトや身近な人たちのためになることをしたいという心理的欲求です。この欲求を刺激して自ら学ぶ意欲を引き出すには，授業でクラスメイトを助けたり，地域社会における弱者（幼い子どもや高齢者，障害者など）を助けたりする経験などによって自己有用感を得ることが必要です。そうすることによって，向社会的欲求がさらに高まります。

そして学校での学習に対して，その時々にしっかり学習することによってクラスメイトを支えることができたり，将来も弱者の支援ができたりするなどの価値を自覚すれば，自ら学びたいという思いが強まります。

◆乳幼児の頃（6歳くらいまで）

向社会性（他者に思いやりの気持ちをもち，そして思いやり行動をすること）の基礎となる，他者の立場に立って考えたり感じたりすること（心理学では「視点取得」あるいは「心の理論［theory of mind］」といいます。Part 5 参照）ができるのは，4歳前後です。従来は小学生にならなければ身につかないとされてきましたが，それよりもずいぶん早い時期に獲得されることが，近年の研究でわかりました（たとえば，櫻井，2020b）。

したがって，幼稚園の年中や年長になると，親や保育者が優しくいって聞かせれば，他者の視点に立って考えたり，他者と同様の感情を共有したりもできるようになります。たとえば，友達をたたいてしまい，相手が泣き出してしまったようなとき，「○○ちゃんはたたかれてどう思っているかな？」と問いかけることによって，他者の立場になって感じることを促すことができます。そして，自ら謝る気持ちが表現できたら，しっかりほめてあげましょう。

◆小学生の頃

小学生になれば，他者の立場に立って考えること，感じることはよりうまくできるようになります。成績が芳しくないクラスメイトの気持ちを察して，その教科が自分の得意な教科であれば，わからないところを教えてあげるような思いやりのある行動がとれるようになるでしょう。また，反対にその子の苦手な教科は別のクラスメイトが教えて補うということで，クラス全体として互恵的な援助ができるようになります。

教師としてはそのような対応を支援していくことが重要です。また授業でも，グループ学習などのより対話的な学習の場を設ければ，グループの成員が自分の強みを活かしてグループに貢献し，よりよい成果をあげ，グループの成員の多くが成員としての有用感を感じることができるでしょう。有用感を感じることができれば，向社会的欲求は強まります。

◆中学生の頃

この頃には，身近なクラスメイトから，学校での友達や近隣の人たち，さらには会ったことがない第三者にも共感する力が育まれ，普遍的なものへと発達していきます。学校の授業での助け合いに留まらず，遠隔地でのボランティア活動に参加したり，より専門的なボランティアに参加するために特別な知識や技術を習得したりできるようになります。授業にかぎらず，そうした向社会的な活動に参加できるように支援することも重要でしょう。

また，将来の仕事について，自分の適性を活かして高度な援助ができる仕事をめざす子どもも出てきます。中学校時代は，職業体験等を通して，自分が何に興味があるのか，自分にはどんな仕事が適しているか，自己分析をしながら将来を展望する時期です。つぎの「自己実現の欲求を刺激して自ら学ぶ意欲を引き出す」で再度説明しますが，向社会的欲求は自己実現の欲求と強く結びついていますので，関連するのは当然といえます。

5）自己実現の欲求を刺激して自ら学ぶ意欲を引き出す

自己実現の欲求とは，自己理解（自分の適性や長所・短所など）に基づいて，自分らしく生きようとする欲求です。この欲求が刺激され自己実現への学習意欲が喚起されるようになると，主体的に将来（人生）の目標（仕事や生き方などの目標）をもち，その実現に向けてがんばろうとします。子どもの場合には，自己理解を促し，将来（人生）の目標が主体的にもてるように指導し，その目標の実現のために学習への意欲を引き出すことが大切になります。

学校段階では，学校での勉強が将来（人生）の目標の達成につながることを意識させ，達成目標を設定してそれをクリアすることで，当該目標の達成に向けて近づきつつあることが実感できれば，充実感とともにさらなる自ら学ぶ意欲を喚起することができるでしょう。

◆小学校低学年の頃まで（8歳くらいまで）

認知能力が十分に発達していないため自己理解も不確かな状態にあり，自己理解に基づいて将来（人生）の目標をもつことは難しいようです。

ただ，想像力は豊かなので，美味しいもの（パンやアイスクリームなど）を食べるとか，きれいなもの（花や車など）を見るとかしているうちに，そうしたものをつくれる人になりたいという夢をもつことはよくあるでしょう。夢がもてることは素敵なことです。「その夢が叶えられるといいね」という言葉がけを大人がすることにより，夢をもつことの素晴らしさを実感させ，将来実現できる夢（現実的な将来目標）へと導けるとよいでしょう。

また，この時期の子どもは自分を支えてくれる母親や父親，教師のような人になりたい，という目標を語ることがあります。大人は，ぜひともよい手本（モデル）を示しましょう。いきいきと生活したり仕事をしたりする姿を見せるとよいと思います。

◆小学校高学年の頃

二次性徴の発現によって自分を意識するようになると，やがて高度に発達した認知能力で自分を精緻に分析するようになります。もちろん，他者（親や教師や友達）の意見も参考にしながら，徐々にしっかりとした自己理解を形成します。そうした自己理解に基づき，自分は何をすればよいのか，何をしたいのか，すなわち就きたい仕事や希望する生き方などを考える段階に達します。

この段階では，教師や親は子どもの自己理解を促すことが第一です。それまで見てきた子どもの様子から，ポジティブな情報もネガティブな情報も，子どもとの信頼関係に基づいて提供することが重要です。そして，一定の自己理解ができると，子どもは自分はこうではないかと親や教師にその理解の正否を求めますから，その際にはご自身の意見をしっかり伝えましょう。そして，より客観的になってきた自己理解に基づき，このような仕事に就きたい，このような生き方がしたいと具体的な考えを示してきたら，それに対しても率直な意見を返してあげるとよいでしょう。

中学生くらいになるとこうしたやりとりの結果として，将来の仕事や生き方が少しずつはっきりしてきますので，小学校段階ではこうしたやりとりは子どもとの意見交換くらいに位置づけておけば大丈夫です。

◆中学生の頃

多くの公立学校では，中学校に入学するとその3年次には高校受験が待っています。それゆえ，将来の目標（おもにおおまかな職業選択）をおよそ決めて，学校での勉強や高校受験をその実現のためのものとして位置づけたうえで，学校での目下の勉強をがんばる意欲をもてるようにすることが理想です。

職業適性を検討するために「職業適性検査」を受けたり，自分の適性に関する他者（親・教師・友達）の意見を聞いたりして，自己理解を深めるとともに，おおまかに将来就きたい仕事を定めることによって，その実現のためにがんばろうというやる気（自己実現への学習意欲）がもてるようになります。

どんな仕事でも社会に役立つわけですが，このころには自分も仕事を通して社会のために役立つことができるという意識が生まれます。自分は授業をしっかり聞き，もしうまく理解できない子がいたらその子がわからない部分をあとで教えてあげる，というような対応も素晴らしいと思いますが，こうした欲求を将来の仕事や生き方に向けて，より大きな意味での向社会的な欲求の実現につなげることもとても大切です。それはやがて自己実現の欲求につながります。

さて，すでに紹介した倉住・櫻井（2015）の研究（Part 8，p.141 参照）でも明らかなように，親が子どもとあたたかい関係をつくり，子どもの将来に期待し将来のために現在の学習が大切だと考え，それを率直に子どもに伝えられれば，子どもの自己実現への学習意欲は喚起されやすくなります。中学生の場合でも親の影響力は大きいようです。

また，高校受験については，先に紹介した高地（2017）の研究（Part 7，p.118 参照）のように，高校受験を，将来（人生）目標を実現するプロセスのなかで「よい挑戦の機会」とポジティブに位置づけることができれば，他律的な学習意欲ではなく自ら学ぶ意欲，とくに自己実現への学習意欲が促され，その結果としていきいきとした中学校生活が送れると予想します。もちろん外発的な人生・将来目標ではなく，内発的な人生・将来目標を主としてもてるように指導しましょう。

第 2 節　学びのエンゲージメントの発達を促す

学びのエンゲージメントは，Part 4 で紹介した通りです。また，自ら学ぶ意欲のプロセスモデルにおいては，「動機（目標の設定）から振り返り（自己評価）」の部分（図 3-4 参照）に関係する重要な要素です。もちろん，新たな社会的エンゲージメントも含みます。

それゆえ，学びのエンゲージメントを育てるには，前項「第 1 節　自ら学ぶ意欲の発達を促す」で説明した通り，心理的欲求を刺激して自ら学ぶ意欲を喚起させ，それを学習活動にうまくつなげることができれば大丈夫です。

ここでは，学びのエンゲージメントの発達に関連した内容のみを紹介します。なお，行動的エンゲージメントは自己効力感との関係が深いため，自己効力感の発達にもふれます。

(1) 学びのエンゲージメントの発達

心理的欲求および認知の発達との関係から学びのエンゲージメントの発達について，櫻井（2020a）をもとに説明します。

1) 感情的エンゲージメント

感情的エンゲージメントとは，学習に対して興味や関心をもって，楽しく取り組んでいることです（表 4-2 参照）。このエンゲージメントに影響するのは知的好奇心と有能さへの欲求（ここでは自己実現の欲求は長期のものなので除きます）です。

知的好奇心は図 9-2 にある通り，乳幼児の頃からはたらきます。なかでも，いろいろなことに興味・関心をもってそれらを探求しようとする拡散的好奇心はもっとも早い時期から，そしてその子の個性ともいえる特殊的好奇心，すなわちその子がとくに興味・関心をもつものに対して発揮される強い探究心は 3 歳頃からはたらきはじめます。

一方，有能さへの欲求は乳幼児の頃からはたらきますが，本格化するのは児童期になってからでしょう。

それゆえ，感情的エンゲージメントは小学校の頃にははたらいているといえます。一般に拡散的好奇心は幼児期が強いといわれますが，小学校低学年でもかなり強いでしょう。また，特殊的好奇心と有能さへの欲求は成長とともに少しずつ強くなりますが，全体としてみると，感情的エンゲージメントは中学生よりも小学校それも低学年でより強くはたらくと考えられます。

2）認知的エンゲージメント，行動的エンゲージメント，自己効力感

認知的エンゲージメント（目標の設定，見通し，自己調整，自己評価）と行動的エンゲージメント（粘り強さ）と自己効力感は，いずれも有能さへの欲求の影響を強く受けます。認知的エンゲージメントは，長期的な取り組みの面で自己実現の欲求の影響も受けます。

まず有能さへの欲求は小学生の頃から強くはたらきます。しかし認知的な発達を考慮すると，小学校高学年頃から，授業の目的やねらいを理解し，具体的な目標や見通し（目標の設定，見通し）をもって学ぶことができるようになります。また，授業の最後などには目標を念頭に置いて振り返り（自己評価）を行うこともできるようになります。

自己調整については，有能さへの欲求もさることながら，メタ認知の発達の影響を強く受けます。したがって，メタ認知が発達してくる小学校高学年（本格的には中学生）頃から可能になります。それまでは，教師が学習のやり方について具体的に説明したり，机間巡視をしながら個人的にアドバイスしたりすることが必要です。

自己実現の欲求は小学校高学年の頃（図 9-1 参照）からはたらくようになります。それゆえ認知的エンゲージメントのポイントである「目標の設定」に関しては，将来のことを意識し長期的な目標（将来や人生の目標）をもって学び続けることができるようになります。もうひとつのポイントである「自己調整」に関しては，将来のことを意識して長期の学習計画を立案しそれに沿って（必要ならばそれを修正して）学び続けることができるようになります。ただし，できるとはいえ，小学校高学年ではメタ認知の発達の個人差が大きく，その点に配慮する必要があります。

行動的エンゲージメントと自己効力感については，おおむね有能さへの欲求の影響を受け，児童期（小学校時代）からはたらきます。

3）社会的エンゲージメント

社会的エンゲージメントとは，日々の学習に対してクラスメイトと協力したり，助け合ったりして取り組むことです。このエンゲージメントに影響するのは向社会的欲求，有能さへの欲求，それに知的好奇心です（自己実現の欲求は長期のものであるためここでは除きます）。知的好奇心と有能さへの欲求は小学生ではたらくことはすでに説明しました。向社会的欲求も児童期（小学校時代）から活発にはたらきます。それゆえ，社会的エンゲージメントも小学生からはたらくことになります。

以上の説明をまとめると，つぎのようになります。

①感情的エンゲージメント：小学生からはたらきます。

②認知的エンゲージメント：教師の指導があれば，小学校低学年から，授業のねらいを理解し目標や見通しをもつこと，授業の最後などに振り返り（自己評価）をすることはできますが，自律性という点では小学校高学年以上からはたらくと考えるほうが無難です。将来の目標設定などは小学校高学年以上になってからできるようになります。もちろん，自己調整も小学校高学年以上になってからです。

③行動的エンゲージメント：小学生からはたらきます。

④自己効力感：小学生からはたらきます。

⑤社会的エンゲージメント：小学生からはたらきます。

(2) 各発達期におけるエンゲージメントの強さ

発達期を，小学校低学年，小学校高学年，中学校にわけて，各発達期における学びのエンゲージメントの相対的な強さについて，櫻井（2020a）をもとに説明します。

図 9-3 の下のほうには，各発達期における四つのエンゲージメントの強さの合計を 100（%）として，その相対的な強さを示しています。さらに，自己効力感については小学校低学年を 100 として，その後の変化を上のほうに示してい

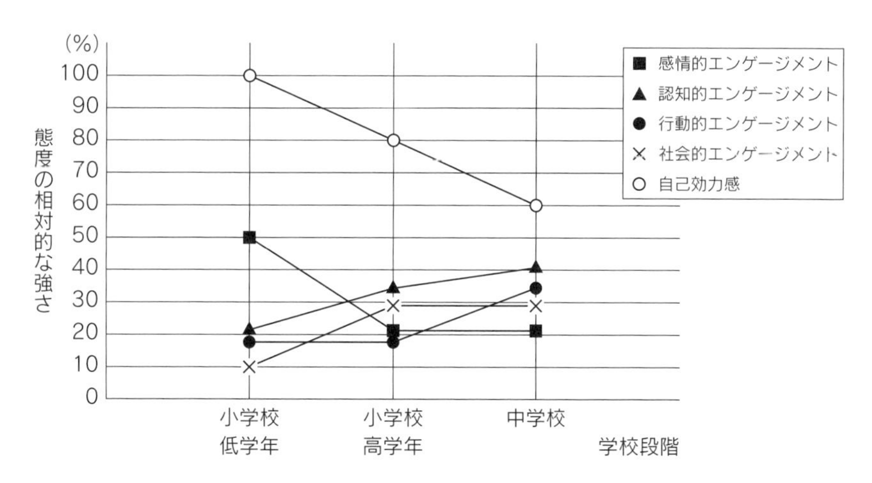

図 9-3　学校段階別にみた学びのエンゲージメントの各要素の相対的な強さ
（櫻井，2020a, p.111）

ます。

1）自己効力感

自己効力感の強さは，小学校低学年を 100 とすると，小学校高学年は 80 程度，中学校では 60 程度になると予想しています。

小学校低学年では幼児期の万能感が残っているため，何でもやればできる（ようになる）と思っています。したがって，客観的な事実（あれはできたが，これはできなかったという事実）に基づく効力感ではない可能性が高いと思われますが，それでもがんばろうという気持ちにつながっていることは確かです。この時期の値を 100 としました。

客観的にできる・できないということが強く影響するようになる小学校高学年では，自己効力感（やればできるという気持ち）は多少減って 80 程度になると見積もりました。

中学校では，自己効力感の評価は他者との比較を通してかなり客観的になります。しかも得意な教科と不得意な教科ではその値に大きな開きが出てきます。学習全体での平均的な値は 60 程度と見積もりました。

中学校の段階では，得意な教科で高くなり（80 前後），不得意な教科で低くなっても（40 前後）大きな問題にはならないでしょう。得意な教科での効力感が高ければ，自分は大丈夫という自己肯定感が維持され，多くの学習活動がそれなりに展開できます。

得意な教科ではクラスメイトと競争して勝って高い有能感（高い自己効力感）を得ればよいし，苦手な教科では過去の自分の出来栄えと比べて成長していればよい（多少の自己効力感を得る）という考え方ができればうまくいきます。

中学校時代の私は，数学と社会が得意で（自己）効力感が高く，国語と英語は不得意で（自己）効力感は低かったと思います。それでも，自己効力感を維持して高校受験に向けてがんばることができたと記憶しています。

2）学びのエンゲージメント

小学校低学年では，内発的な学習意欲に関連する感情的エンゲージメント（50%程度）がもっとも強くはたらくと予想されます。学ぶことがおもしろい，楽しいということによって，多くの学習活動がうまく展開できるはずです。そのほかのエンゲージメントもはたらかないということではありません（10 ～ 20%程度）が，まずは感情的エンゲージメントに注目することが大事です。

小学校高学年になると，感情的エンゲージメントのはたらきはかなり低くなり（20%程度），認知的および社会的なエンゲージメントのはたらきが高まります（30%程度）。

ひとつには認知やメタ認知能力が急速に発達し，学習の目標を主体的に設定して，どのような方法で学習を進めればうまくできるかという学習のやり方（自己調整学習方略）に関する知識が増え，それらを上手に使えるようになるからです。ただし，設定した目標に対して，自己調整学習方略を巧みに利用して粘り強く挑むような行動的なエンゲージメント（20%程度）は中学生になってから本格的にはたらくようになると予想します。

ふたつめには仲間関係が充実してきますので，社会的エンゲージメントがうまくはたらき，クラスメイトと協力したり助け合ったりして，よりよく学ぶようになります。したがってこの時期は認知的エンゲージメントと社会的エンゲージメントに注目するとよいです。

中学生になると，認知的エンゲージメントのはたらき（40%程度）のもとで行動的エンゲージメント（30%程度）もうまくはたらくようになります。目標を設定し，学習の仕方を自己調整し，目標の達成をめざして粘り強くがんばれるようになるでしょう。

さらに，感情的エンゲージメントや社会的エンゲージメント（20 ～ 30%）によって，得意な教科ではおもしろく楽しく学べ，クラスメイトとの協力や助け合いによってより深く学べることが予想されます。この段階でこそ，新学習指導要領で強調されている「自己調整」と「粘り強さ」がもっともよくはたらくと期待できます。

第 3 節　共感の発達を促す

向社会的な動機づけのなかで大切な役割を果たす共感について，櫻井（2020b）にもとづいてその発達を中心に説明します。

(1) 共感という感情の萌芽

表情分析の技術が進歩し，新生児（誕生から生後 1 か月頃までの子ども）に

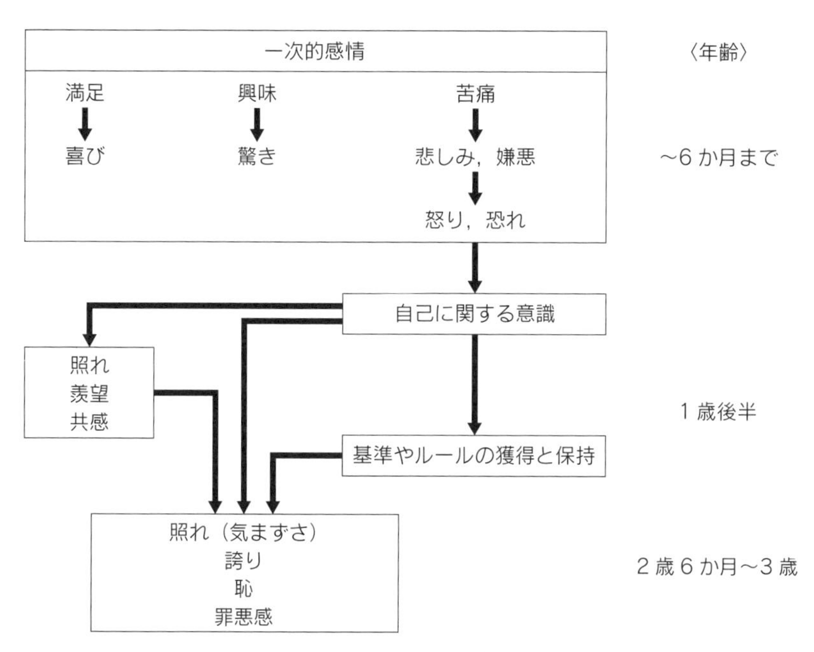

図 9-4　誕生から 3 歳までの感情の発達
（Lewis, 2000 を一部改変；黒田，2023, p.103）

も複数の感情がみられること，さらに遅くとも１歳までには基本的な感情（一次的感情ともいいます）が出そろうことがわかってきました（たとえば，黒田，2023）。

ここでいう基本的な感情とは，図9-4に示されている「満足」「喜び」「興味」「驚き」「苦痛」「悲しみ」「嫌悪」「怒り」「恐れ」などの感情です。

ルイス（Lewis, 2000: 図9-4参照）によれば，その後も「自己に関する意識」や「基準やルールの獲得と維持（社会的な規範に関する認識）」の発達と連動して，より多彩で高度な感情が生まれます。１歳半くらいになると，「照れ」「羨望」「共感」の感情が現われます。いずれの感情も自己に関する意識（いわゆる自己意識）がないと生まれない感情であり，「自己意識的感情」と呼ばれます。

たとえば，「困っちゃうな」という照れの感情は，自分のことで思ってもみなかったことを言われたときに生じる感情です。「うらやましいな」という羨望の感情は，自分にはないものをほかの人がもっているときに生じる感情です。

そして共感ですが，ここでは「かわいそうだな」という同情（いわゆる情動的共感，Part 5 参照）を指します。同情は自分ではなく他者に関心を向け，その人の心の中を推測して生まれる感情です。高度な感情ですが，萌芽はこの時期にあります。

もちろん，４歳頃にならなければ他者の立場に立つこと（視点取得）は困難ですし，さらに他者の立場に立てたとしても，他者の考え・感情・欲求などをうまく推測したり，自分に期待されていることを理解したりできる（役割取得）ようになるのは10歳前後なので，その頃にならないと本来の共感としては機能しないと考えられます。

その後は，３歳までにすべきことやしたいこと（基準），よいことと悪いこと（ルール）を認識し，こうした基準とルールに照らして，自分の行いの良し悪しを初歩的段階ではありますが判断できるようになります。その結果，すべきことをしなかったときに生じる「照れ（気まずさ）」，したいことを達成できたときに生じる「誇り」，すべきではないことをしてしまったときに生じる「恥」，自分が悪いことをしてしまったときに生じる「罪悪感」がみられるようになります。このようにしてほぼ３歳までに，大人が経験しているほぼすべての感情が生まれてくるとされています。

なお，ここで紹介した「共感（同情）」はもちろんですが，「恥」や「罪悪感」といった感情も成長とともに向社会的行動を動機づけるようになります。たとえば，恥の場合には，恥をかいてその取り繕いとして向社会的行動をすることがあります。また，罪悪感の場合には，悪事をはたらいたことに対する罪滅ぼしとして向社会的行動をとることもあります。

(2) 共感の発達

共感の一般的な発達プロセスについて，共感研究の第一人者である心理学者のホフマン（Hoffman, 1987, 2000）が提唱する発達段階説にそって説明します。彼は発達段階を四つに分けました。

◆全体的な共感の段階（生後 1 年くらいまで）

生まれて間もない赤ちゃんでも，ほかの赤ちゃんの泣き声につられて泣く現象が起こるため，早い時期から「共感らしきもの」が生まれていると考えられています。

また，少し成長すると，ほかの赤ちゃんが苦しんでいる様子を見て，自分が苦しんでいるときにとる行動と同じように行動することが知られています。たとえば，生後11か月の女児は，転んで泣いている子を見ると，自分がそうしたときにするように，母親のひざに頭をうずめ親指を加えて泣き出したそうです。

なお，この段階では自分と他者の区別ができていないため，他者の苦痛に直面して，自分のなかに生じた不快な感情と他者の苦痛とを混同してしまうようで，厳密な意味で共感が向社会的行動を動機づけているかどうかは疑問です。

◆自分中心の共感の段階（ 1 歳～ 2 歳くらいまで）

自分と他者の区別がつくようになり，他者が苦しんでいることを理解し，他者に同情的な感情（共感）を向け，他者を助けようとする気持ちが生まれます。しかし，自分の視点からしか物事が認識できないため，自分の苦痛を和らげるための手段を，他者をなぐさめるために用いるようなことが起こります。Lewis（2000）が指摘する共感の萌芽の時期に対応します。

たとえば，生後18か月の男児でも，苦しんでいる大人をなぐさめるために，自分のお気に入りの人形をわたすとか，泣いている友達のそばにその子の母親がいるにもかかわらず，自分の母親になぐさめさせようとする行動が見られたようです。

◆他者の感情に共感する段階（2歳～9歳頃まで）

他者の感情や欲求などが自分とは異なる独立したものであることを理解するようになり，すなわち単純な視点取得が獲得され，自分自身の苦痛ではなく他者の苦痛を和らげるための行動をするようになります。現在までの研究知見では，4歳頃までにかなりの子どもが可能となり，7歳までにはほとんどの子どもが可能になるとされています。

したがって，4歳頃からは，たとえば友達の頭をたたいてしまった子どもに対して，頭をたたかれた子ども（相手）の立場になってその痛さを感じさせ，二度としないように言い聞かせることは効果があるといえます。

また徐々にではありますが，言葉によって表現された感情を手がかりに，他者の感情をより正確に理解して（たとえば，うれしいといって泣いているのは，悲しくて泣いているのではないことがわかる）共感できるようになります。ただ，共感は実際に自分が相対している人物にのみ生じるようで，その限界も認められます。

興味深い研究があります。浅川・松岡（1987）は，小学1，3，6年生を対象に，共感についての発達的な調査を行いました。その結果（図9-5参照），①男子よりも女子のほうが共感は高いこと，②相手（仲の良い友達，仲の悪い友達，無教示の友達の3種類）によって共感の程度に違いがあり，年齢が上がるにつれてその違いが大きくなること，③とくに仲の悪い友達への共感が低くなるこ

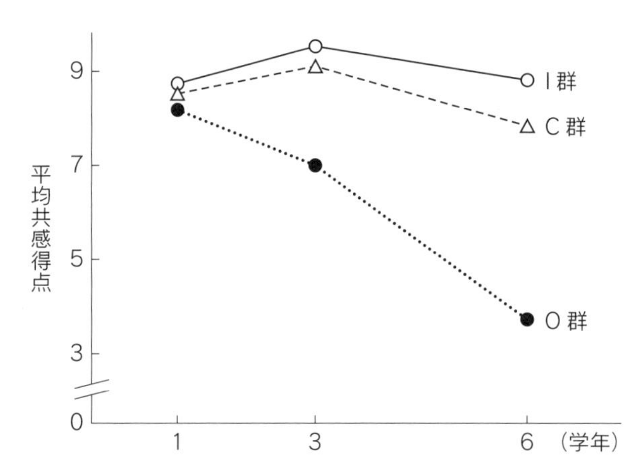

図9-5　各学年・条件群別の平均共感得点（浅川・松岡，1987，p.235）

注）I群は相手が「仲の良い友達」，O群は「仲の悪い友達」のとき，C群は統制群。

と，などが見出されました。成長とともに，共感の発生には援助される人（援助の対象者）の特性が影響するようです。

②および③の結果については，さらに成長すればだれにでも愛他的になり差異がなくなるのでしょうか。それとも小学1年生がもっとも愛他的なのでしょうか。じつに興味深い課題だと思います。

◆他者の一般的な状態に共感する段階（10歳頃から）

大人と同じように，より一般化された他者に対しても共感できるようになります。新聞や雑誌を読んだり，テレビを見たりして知った海外の貧しい人や戦争の犠牲になった人たちに対しても，共感が成立し，やがて，他者への援助を行えるようになります。その結果，ボランティア活動も活発になります。この時期から共感や向社会的行動などを授業で積極的に取り上げることができるようになります。

以上，共感の発達の概要を紹介しましたが，ホフマンの説は私が考えるよりも少し早い段階設定になっています。

ホフマンの説で特筆すべきことは，視点取得能力が発達すると共感（おもに同情）が機能するようになり，向社会的行動もより適切なものになっていくということです。そして私は，視点取得能力の発達からすると，小学校高学年頃までには共感がしっかり機能し，おそらく中学生になれば向社会的行動をうまく動機づけられるようになると考えます。

■引用文献

安藤寿康（2018）．なぜヒトは学ぶのか——教育を生物学的に考える　講談社現代新書

浅川潔司・松岡砂織（1987）．児童期の共感性に関する発達的研究　教育心理学研究，*35*, 231-240.

Hoffman, M. L. (1987). The contribution of empathy to justice and moral judgement. In N. Eisenberg & J. Strayer (Eds.), *Empathy and its development* (pp.47-80). Cambridge University Press.

Hoffman, M. L. (2000). *Empathy and moral development: Implications for caring and justice.* Cambridge University Press. 菊池章夫・二宮克美（訳）（2001）．共感と道徳性の発達心理学——思いやりと正義とのかかわりで　川島書店

倉住友恵・櫻井茂男（2015）．中学生における「他者との親密さ」ならびに「他者が有する

学業への価値観の認知」が学業動機づけに及ぼす影響——親・教師・友人に注目して　筑波大学心理学研究，50, 47-58.
黒田祐二（2023）．感情と動機づけの発達　櫻井茂男（編著）改訂版　たのしく学べる最新発達心理学——乳幼児から中学生までの心と体の育ち（pp.101-121）　図書文化社
Lewis, M. (2000). The emergence of human emotions. In M. Lewis & J. M. Haviland-Jonse (Eds.), *Handbook of emotions* (2nd ed. pp.265-280). Guilford Press.
桜井茂男（1983）．認知されたコンピテンス測定尺度（日本語版）の作成　教育心理学研究，*31,* 245-249.
櫻井茂男（2019）．自ら学ぶ子ども——４つの心理的欲求を生かして学習意欲をはぐくむ　図書文化社
櫻井茂男（2020a）．学びの「エンゲージメント」——主体的に学習に取り組む態度の評価と育て方　図書文化社
櫻井茂男（2020b）．思いやりの力——共感と心の健康　新曜社
高地雅就（2017）．中学生の高校受験観と学習動機ならびに適応との関連　平成 28 年度筑波大学大学院教育研究科（スクールリーダーシップ開発専攻）修士論文

Part 10

心身の健康に動機づけ研究を活かす

日常生活のなかで心身がうまくはたらいていない状態としてまず思い浮かぶのは，無気力です。そして最近増えているのは，孤立状態がもたらす孤独感ではないでしょうか。これらは，コロナ禍を経験した私たちにとってとくに切実な問題です。

まずは，このような状態への対処法や予防法を動機づけ研究の知見から紹介します。さらに，精神的健康や幸福感をより高めて心身がよりうまくはたらく方法を探ります。

第1節　無気力を克服する

現代は多くの人が無気力になる時代です。無気力については，私がかかわる動機づけ心理学の分野にかぎらず，臨床心理学の分野でも大きな問題のひとつになっています。最近では子どもの不登校に関係する要因としても注目されています。

ここでは，無気力を克服する方法と予防法について説明します。Part 6では無気力の原因として，①無力感と絶望感，②無目標をあげましたが，こうした原因に対処する方法と予防法を中心に説明します。

なお無気力の原因や対処法・予防法についての詳細は，拙著（櫻井，2021）で論じていますが，ここではそのエッセンスを紹介します。

(1) 根本的な原因を特定する

まずは無気力の根本的な原因を特定することが必要です。櫻井（2021）では無気力の原因を探索するときに便利な表（表10-1参照）を紹介していますの

表 10-1　無気力の原因の探索（櫻井，2021, p.112）

ネガティブな事態と無気力になった原因		無気力の根本的な原因
（例 1）数学の問題が解けなくて無気力になった。原因は数学の能力がないからだ。	→	能力がないことで無能感・無力感が強い。
（例 2）会社でいじめられて無気力になった。自分はダメな人間だからいじめられたと思う。	→	ダメな人間である自分ではどうしようもない。無力感や絶望感が強い。
（例 3）受験勉強が手につかない。受験校が決まらないからだ。	→	無目標ではどうしようもない。
〔あなたの場合はどうですか？〕		
① ＿＿＿＿＿＿＿＿＿＿	→	ⓐ ＿＿＿＿＿＿＿＿＿＿
② ＿＿＿＿＿＿＿＿＿＿	→	ⓑ ＿＿＿＿＿＿＿＿＿＿
③ ＿＿＿＿＿＿＿＿＿＿	→	ⓒ ＿＿＿＿＿＿＿＿＿＿
④ ＿＿＿＿＿＿＿＿＿＿	→	ⓓ ＿＿＿＿＿＿＿＿＿＿
⑤ ＿＿＿＿＿＿＿＿＿＿	→	ⓔ ＿＿＿＿＿＿＿＿＿＿

注）根本的な原因としては，無力感や絶望感，無目標などが想定される。

で，それを使いましょう。

ここでは説明のため，以下のようなネガティブな事態と無気力になった「具体的な原因」を想定します。

---

①数学の問題が解けなくて無気力になっている。その原因は数学の能力がないからだ。

②会社でいじめられて無気力になっている。その原因は自分がダメな人間だからだ。

③受験勉強に手がつけられないで無気力状態になっている。その原因は親が口出しをするため受験校が決められないからだ。

つぎに，そうした具体的な原因がどのような「根本的な原因」に集約されるのかを考えます。先の例では，下記のようになると思いますが，どうでしょうか。

---

①数学の能力がないことで，無力感や無能感に陥っているからだ。

②いじめられるのは自分がダメな人間ということで，将来に絶望しているからだ。

③受験勉強に手がつけられないのは，結局のところ目標（受験校）が設定できない無目標の状態であるからだ。

このようにして具体的な原因を突き詰めていくと，根本的な原因としてあげられるのは，おもに①無力感や絶望感と②無目標になります。

以下では根本的な原因別に，すなわち①無力感や絶望感の場合と②無目標の場合に分けてその対処法を説明します。

(2) 無気力の原因が「無力感や絶望感」である場合の対処

無力感や絶望感は Part 6 でも説明した通り，ネガティブな事態に自分の力では対処できない，そしてそうした状況が続くと予想するときに生じます。これらが原因で無気力が生じている場合には，いったん信頼できる他者の援助を求めてネガティブな事態に対処しましょう。ときにはそうした対応を繰り返す必要があるかもしれません。

そして無気力が軽減されてある程度の余裕がもてるようになったら，ネガティブな事態を自分の力でコントロールできるような対処法を見出して講じるようにすると大丈夫です。

1）自分の力で対処できないなら，まずは他者に援助を求める

ネガティブな事態に自分の力（自分の能力や努力など）では対処できなくても，他者に援助を求め他者の力を借りることによって対処できるのであれば，まずはそうしましょう。援助を求めることをためらってはいけません。対処できなくては前に進めないのですから。

このとき重要なことが三つあります。

一つは，信頼できる他者が近くにいることです。とくにプライベートな問題で

は信頼できる人でなければ相談等の援助要請はしにくいものです。信頼できる教師や先輩のほかに,相談が専門のカウンセラーなどに相談するとよいと思います。

二つめは,援助を求めるスキルとくにコミュニケーションスキルをもっていることです。信頼できる人がいても,その事態や自分の心理状態を適切に説明し援助を求められなければ助けてもらえないこともあります。

三つめは,他者に援助を要請する勇気があることです。三つのなかではこれが一番大切かもしれません。

2）他者の援助が得られるのは自分の力によるものと考える

ネガティブな事態で他者に援助を求めて対処することを,「自分の力だけでは対処できないダメな人間のすることだ」（前述の②のいじめの例）ととらえることがあるかもしれません。もちろん,自分の力だけで対処できるほうが望ましいと思いますが,自分の力だけで対処できないことはいくらでもあります。そうした場合には,まずは自分から援助を求めて（＝少なくとも自分のコミュニケーション力によって自律的に援助を求めて）他者に適切な対処をしてもらったり,可能であれば適切な対処法を教えてもらったりしてその事態を乗り越え,そしてつぎの同じような機会にはその方法を自ら用いて対処すれば,それでよいのではないでしょうか。私は立派だと思います。

たとえば,前述の②のいじめの例では,勇気を出していじめの相手にいじめないように直訴しても,受け入れられずかえって反発を招きいじめがひどくなることも多いでしょう。むしろ同僚や上司,さらにはカウンセラーに相談して,チームとなってまわりから介入してもらうほうが,適切にいじめを根絶させることができると思います。

さらに前述の①の数学の問題が解けなくて無気力になった例でも同様です。どんなに自分ひとりで努力しても問題が解けなければ,その後の授業の理解に大きな差しさわりがあるかもしれません。まずは教師,それが無理ならクラスメイトや上級生に援助を求めて理解できるまで教えてもらい,問題をクリアするほうが先決です。そして解決方法が会得できれば次回は自分で工夫するだけで問題が解けるかもしれません。

3）自分で対処できる力を培い効力感を高める

自分の力では対処できないネガティブな事態に対して，まずは他者の援助を要請し他者の力を借りて対処しますが，その後はできるだけ自分の力で対処できるように努力し，有能感や効力感を培うことが大事です。そうすることで無気力は徐々に克服されるでしょう。

具体的な方法については，櫻井（2021）をご参照ください。

4）どうしてもうまくできないときは

ネガティブな事態に対してどんなに手を尽くしても対処できないことがあります。たとえば，前述の②のいじめの例で，周囲の人に相談し自分でも人間関係を改善するように努力してもなおいじめが解決されないような場合です。

そうした場合には，どうしたらよいのでしょうか。端的にいえば，これまでのような順当な対処はあきらめ，下記のような思い切った対処をすることです。ただし，経済的な問題はクリアしなければなりません。

前述の数学の問題が解けない場合には，予備校や学習塾に入り，問題の解決法を学び無気力を克服するように対処してはどうでしょうか。職場でいじめられる場合には，「そんな職場はたいした職場ではない」と見切りをつけて，転職して再スタートするという対処はどうでしょうか。

こうした対処をする際には信頼できる他者に相談はするものの，最終的には自分で入塾や転職を決め実行することが大事です。

(3) 無気力の原因が「無目標」である場合の対処

目標がもてなくて，学習や仕事に手がつけられないという無気力と同様な状況では，まずは信頼できる他者と相談して身近な目標を立てるようにしましょう。そして，徐々に将来の目標や重要な目標を決められるようにするとよいと思います。

1）身近な目標を信頼できる他者と相談して決める

身近な仕事や学習の目標，たとえば仕事の終了予定日，定期試験の目標とする点数などについては，設定できない理由を分析してみてもあまり生産的ではないため，信頼できる上司や同僚，教師やクラスメイトと相談して決めましょう。ただし，ある程度納得して決めなければ目標を達成しようという意欲が湧いてきませんので，その点は注意してください。

身近な目標であっても，たとえば職場のＡさんよりも優れた提案をすること，定期試験でクラスメイトのＢさんよりも高い点をとることなどの遂行目標を設定すると，すでに説明した通り，熟達目標，これらの例ではいつもの自分よりも優れた提案をすること，定期試験ではいつもより５点高い点をとることを設定したときよりも無気力になる可能性が高まります。この点にも配慮しましょう。

2）将来や人生の目標はその都度よく考えて決める

将来や人生の目標といった長期の目標が決められないときは，その原因を分析して対処するようにしましょう。

私の経験によると，自分のことがよくわかっていないという自己理解の不足が原因であることが多いようです。自分を見つめ，自分にはどのような長所・短所があるのか，自分は何が得意で何が不得意なのか，他者とのかかわり方はどうなのか，何にもっとも興味や関心があるのか，こうしたことがわかっているようでわかっていないという大学生が多いように感じました。自分に関する情報を集め，すなわち自分で分析したり，信頼できる他者に聞いたりして自己理解が深まれば，将来の目標や人生の目標は必ず立てられます。

ただし，こうした目標は経験とともに変わることがたびたびあります。もちろん変わっても大丈夫です。新たな目標の達成に進みましょう。

3）長期の目標がうまく設定できないときは幅の広い目標を設定する

どんなに自己分析をし，信頼できる他者の意見を聞いてみても，適当な将来の目標や人生の目標が決められない場合には，暫定的に幅の広い目標を立ててはどうでしょう。

たとえば，自分は家族との平穏な生活を最優先にしたいので，安定した収入が期待できる公務員になろう，自分は子どもが好きなので日々子どもと接することができる保育関係の仕事に就こう，自分はいまの仕事が好きだからこのまま営業の仕事で上をめざそうといった目標でよいのではないでしょうか。

いろいろな経験や学びによって，さらには実際に就職や異動の時期が近づいてくれば，自然にあるいは必然的に目標は狭められるでしょう。

4）中期の目標は長期の目標を念頭において決める

こうした長期の目標が設定できないと，中期の目標の設定が難しくなります。たとえば，高校受験や大学受験で受験校を決めるというような中期の目標の設定では，中期の目標は長期の目標を達成するために必要な目標になるわけですから，長期の目標が決まらないと設定は難しいといえます。

社会人の場合には，その後の人生をどのように過ごすかといった人生の目標を決めなければ，職場はいまのままでよいか，将来のために転職をしたほうがよいか，結婚はいつがよいかなど，中期の目標の設定が困難になるでしょう。むろんすべて予定通りにいくわけではありませんので，その都度調整して新たな人生目標の達成のためにがんばればよいのではないでしょうか。

さて，この節の冒頭であげた，受験勉強が手につかない③の例を思い出してください。受験勉強に手がつけられない無気力状態になっていて，その原因は親がうるさく口出しをするために受験校が決められないからだ，という例です。

親が子どもの受験を心配するのは今も昔も変わりません。受験によってその後の人生が大きく変わる可能性があるからです。親の口出し（意見）をありがたいと冷静に受けとめ，教師や先輩などの信頼できる他者の意見も参考にして，最終的には自分で受験校を決めるようにサポートするとよいでしょう。

(4) 無気力を予防するには

無気力にならないために気をつけることを簡単にまとめます。なお詳しいことは櫻井（2021）をお読みください。

1）効力感を形成する

Part 6 の「無気力についての理論」からは，有能感（自信）を積み重ねて効力感（やればできる感）を形成することが基本といえます。

そのためには，学習場面や仕事場面で成功経験を積むこと，なかでも自己決定したことで成功経験を積むことが大切です。たとえば，自分で決めた計画にそって学習をして試験に合格するとか，仕事である程度自由裁量を認めてもらい満足できる成果を出すなどです。またできるだけ他者に頼らずに自分の力で成功することが高い有能感を生み出し，強い効力感の形成に寄与します。

成長すると他者と競争して成功することは簡単ではありません。自分で目標を決め，その目標をクリアすること（それが成功すること）を中心に置くほうがよいでしょう。ただし得意な分野では他者との競争によって成功することもできます。競争させられることは好ましくありませんが，自分から競争しようという気持ちでするのであれば大丈夫です。

もうひとつ，非常にネガティブな事態を克服した経験は人生の宝物です。これは効力感の大きなみなもとになります。私はアメリカに留学し，結構つらい経験もしました（と思っています）が，こうした経験は留学を無事終え帰国した際に私の気持ちを一変させました。「アメリカであれだけつらい思いをしても何とかやってこられたのだから，日本ではきっと大丈夫！」という強い効力感が形成され，これまでがんばってこられました。

2）信頼できる友だちをつくる

自分の力だけでは解決できないことはたくさんあります。そうしたときに助けてくれる人がいることは大きな支えになります。小学校，中学校，高校，大学と学校段階が進むとともに，それぞれの段階で親しい友達をつくることがとても大事です。たった一人でも大丈夫です。友達と呼べる相手をつくりましょう。

当然のことですが，困っている人を助けると，それを見ている人たちやその話を聞いた人たちはあなたを友達にしたいと思う気持ちが高まります。他者を大事にする気持ち（思いやりの気持ち）をもって生活していることが，友達づくりにも貢献します。

3）自ら目標が設定できるようにする

自ら目標を設定することは，容易なようですがじつは結構難しいことです。なぜなら幼い頃からそうすることに慣れていればあたりまえにできるのですが，親に言われた通りに生活してきた場合には経験不足となるため難しいのです。アメリカの子どもたちは前者であることが多いですが，日本の子どもたちは後者であることが多いようです。

すでに説明した通り，失敗してもたいしたことがないような身近な目標を設定したり，信頼できる他者にサポートしてもらって設定したりすることからはじめればよいでしょう。そして他者と競争するような遂行目標ではなく，自分が成長できるような熟達目標をもつことからはじめましょう。

4）からだの健康にも気をつける

無気力はおもに心の問題ですが，じつはからだの問題とも強く関係していることは周知の事実です。適当な運動をして気分の落ち込みを解消する，忙しく働いたあとにしっかり休憩をとることなども無気力に陥らないからだづくりとして大切です。

第2節　孤立や孤独を克服する

社会に「自立」を求める風潮が強くなり，自分のことは自分ひとりの力で達成しなければならない，という気持ちが強められています。その結果，他者と助け合ったり協力したりする機会が少なくなり，孤立し孤独を感じる人が増えているようです。

この問題についてはすでに述べた通り（Part 1の第3節），「相互依存的な自立」という考え方を受け入れ，「自分のことは自分で決めて行う」という「自律」を基本にすれば，おおむね解決できるように思います。

一方，近年は新型コロナウイルスの感染拡大によって，ステイホームが求められたり，学校や職場での活動や仕事が制限されたりして，人と接する機会が極端に減少したことによって孤立やそれにともなう孤独を感じる人が増えるということがありました。さらに，他者と仲良くなりたいにもかかわらず，それがどうしても実現できない人も増えているようです。

ここでは，おもに関係性の欲求や向社会的欲求に基づく研究に注目して，孤立したり孤独を感じたりする原因と対処法・予防法について簡単に紹介します。

(1) 孤立や孤独の原因を特定して対処する

世間には孤立や孤独を楽しんでいる人もいますが，孤立や孤独に苦しみ悩んでいる人のほうが圧倒的に多いでしょう。その場合には原因を特定し対処する必要があります。

1）関係性の欲求を充足する

本書で取り上げている「関係性の欲求」が，原因を特定するひとつのキーワードになります。関係性の欲求がしぼんでいれば，孤立しても孤独を感じることはほぼなく平静でいられます。

ところが，関係性の欲求がある程度強く（これが通常の状態で）他者と仲良くなりたいと思うにもかかわらず，その思いがかなわない場合には，孤立し孤独を感じることになります。たとえば，仲良くなりたい人とうまく向き合うことができず諦めてしまう場合や，コロナ禍で行動制限があり，新たな対人関係が築けない場合です。こうした際の具体的な原因としては，おもに二つが考えられます。

ひとつは，他者と仲良くなる際に必要とされる対人関係スキルが習得されていないこと，もうひとつは自分の周囲に安心して他者とかかわれる環境がないことです。

前者の「対人関係スキルの未習得」には，幼少期に対人関係を形成・維持するためのスキルを習得してこなかったことがおおいに関係していると思われます。あらためて対人関係スキルを習得する必要があります。こうしたスキルの習得はいつでも可能です。大人の場合にはそうしたスキルをうまく使っている人をよく観察して，模倣（モデリング）するとよいでしょう。子どもの場合には，おもに親や教師が指導すれば大丈夫です。また年長の子どもの場合には，大人と同じように対人関係の良好なクラスメイトを手本にして習得することもできます。

ただ，スキルは習得しても使わないことがあります。自分が必要と考えるときに使えればよいのです。幼少期には「ひとり遊び」が好きな子どももいますが，対人関係スキルは幼いうちに習得しておくほうがよいでしょう。その後，スキルを使う・使わないは本人の判断によります。

一方，後者の「安心して他者とかかわれる環境がない」という原因では，周囲の人から嫌われたり，いじめられたりするような環境や，コロナ禍のように対人行動を制限されるような環境にあるため，たとえ対人関係スキルを習得していても，他者と仲良くなれる機会がもてないことが問題といえます。

一般的に，自分の周囲に安心して対人関係がもてる環境をつくるには，身近に信頼できる他者（同僚や友達など）がいれば，その人に協力してもらうとよいでしょう。職場のグループに入れてもらったり，地域活動に一緒に参加したり，学校での仲良しグループに入れてもらったりするのがよいと思います。信頼できる他者の存在によって周囲の環境は徐々に改善されるでしょう。また，そうした信頼できる他者がいない場合には，趣味やボランティアなどで自分の居場所となる活動集団を探して，そうした集団への参加を試みることがよいように思います。

ただし，コロナ禍のような状況ではいずれも難しいかもしれません。そうした場合には，まずはネットなどを利用して他者と間接的につながる体験もよいでしょう。以上のような機会を活かすには，もちろん対人関係スキルの習得が必要です。

近年，職場における「心理的安全性（psychological security）」の確保が注目されています。どんな発言をしても受け入れてもらえる職場にすることを意味しています。心理的安全性が確保された環境とは，他者と安心してかかわれる環境といえます。そうした環境であれば，良好な対人関係が築けそうです。

2）向社会的欲求を充足する

関係性の欲求の充足とともに，もうひとつ「向社会的欲求」の充足も，孤立や孤独をもたらさないためにはとても大切です。他者や社会のためになることをしたいというこの欲求によって，周囲の他者に対して，うまくいかない仕事を手伝ってあげたり，よくわからない勉強を教えてあげたりすることで，その他者とともに周囲の人たちも，あなたを重要なメンバーとして認めてくれるはずです。またそれと同時に，あなた自身もその部署や教室で自分が重要なメンバーであるという自己有用感を感じることができます。こうした作用によってその部署や教室があなたの居場所になります。

こうなれば，あなたはひとりではありません。孤立せずに周囲の人たちと良好な人間関係を築けると思います。

(2) 孤立や孤独を予防するには

孤立や孤独を予防するには，前項で述べたように，対人関係を形成・維持するためのスキルを習得すること，安心して対人関係が形成・維持できる環境を整えること，さらに周囲の他者を助けるような向社会的な行動をすることが，重要です。

ここでは，安心して対人関係を形成・維持できる環境を整えることに焦点をあて，職場の上司や学校の教師が職場や教室でできる予防法について紹介します。

はじめに，良好な対人関係を構築するための基礎をつくる「構成的グループエンカウンター」について，つぎに教室で孤立しやすいといわれる発達障害の子どもや「ギフテッド」への対応について説明します。

1）対人関係を良好にする「構成的グループエンカウンター」を試してみる

グループのメンバーと信頼関係を築き仲良くなる方法として「構成的グループエンカウンター」があります。ここでは櫻井（2020）などを参考に説明します。教室における子どもたち，あるいは職場の人たちなどを対象に実施することができます。最近は家族のなかでも実施できることが報告されています。

◆構成的グループエンカウンターとは

他者と信頼関係を築き仲良くなるには，本音で相手とかかわることが大事です（たとえば，國分，1980）。そして自分が本音で相手とかかわれば，相手も本音で自分とかかわるようになりやがて自然と強い信頼関係が形成されます。この原理を用いたトレーニング法が「構成的グループエンカウンター」（たとえば，國分監修，1996）です。

「構成的グループエンカウンター」の「エンカウンター（encounter)」とは，相手と本音で話し合い，お互いがそうした本音を認め合う体験のことです。こうした体験を通して，相手のほんとうの気持ちに気づき信頼関係が育まれるのです。構成的というのはこうした体験を意図的に構成して行うことを意味します。

◆構成的グループエンカウンターの実際

参加者はグループの一員となり，リーダーの指示にしたがって課題を行い，そして課題遂行時の気持ちを率直に語り合ってエンカウンター体験を深めます。

課題のひとつとして「トラストウォーク」があります。グループのなかでペアをつくり，ひとりはアイマスクをつけて目隠しの状態となり，ペアのもうひとりがその人を連れて決められた場所（学校なら保健室，社内なら休憩室など）に行って帰ってくるというものです。

通常私たちは，アイマスクをつけて周囲が見えない状態になると怖くてひとりではうまく歩けません。しかしもう一方の人に手を取って先導してもらえば歩くことができ，課題を達成することもできます。役割を変えて同じ課題を繰り返し，その体験について話すことで信頼関係が形成されます。

なおこうしたトレーニングによって，自己理解，他者理解，自己受容，感受性の促進，自己主張，信頼体験が実現されます。

構成的グループエンカウンターを利用された友人の先生からは，初任のときでもうまく使え，さらに新しいクラスで子どもたちが新たな信頼関係を築く際にとても有効であったと聞きます。何よりも失敗することが少ない点はありがたいです。

2）発達障害をもつ子どもへの対応

現在，障害をもつ子どもが障害をもたない子どもと一緒に学ぶ「インクルーシブ（インクルージョン）教育」が推進されています。共生社会の実現に大きく貢献する教育方法のひとつとされます。インクルーシブ教育で問題になりやすいのは，障害をもつ子どもがほかの子どもたちから孤立してしまう可能性が高いことです。ここでは発達障害をもつ子どもを孤立させないで子どもたちみんなで仲良く授業を受けるようにするための方策について紹介します。なお，私は障害児教育の専門家ではありませんので，みんなで意欲的に学ぶという動機づけの観点からの提案となります。

第一に，ほめるときには，ほめていることがその子にしっかりわかるように，思いっきりほめることです。これまでの脳科学の知見によると，発達障害をもつ子どもの場合には，そうしなければ脳の報酬系が活性化しないため，意欲が喚起されないようです。意欲が喚起されなければ，授業についていけずに孤立してしまうことが予想されます。

第二に，クラスのなかでクラスメイトや教師の役に立てていること，学校では多くの子どもたちや教職員の役に立てていることなどを強調してほめてあげることも，意欲を喚起し孤立から守ることになります。

じつは，発達障害をもつ子どもは，衝動的であったり，注意が持続しにくかったり，さらには特異な行動をしたりするため，ほかのクラスメイトや教師にいつも迷惑をかけているという負目を感じているようです。このような思いを払拭するためには，自分がクラスで役立っている，クラスの重要なメンバーである，という気持ち（自己有用感）を高めてあげることが大切です。そうすれば，クラスで役立てるという面から意欲を喚起させ，ほかのメンバーと一緒に孤立せずに学べます。

第三には，すでに紹介しましたが，クラスの目標（学級目標）として，思いやりのあるクラスにすることを掲げ，それに子どもたちが賛同し動機づけられると，発達障害をもつ子どもへのほかの子どもたちの対応が優しくなり，孤立は生まれにくいと期待できます。

3）ギフテッドへの対応

ギフテッド（gifted [child]）とは聞きなれない言葉ですが，天賦の才をもつ子どものことです。具体的にいえば，ある特定の分野（たとえば，記憶力，理解力や数の扱いなど）において飛びぬけて高い能力をもつ子どもです。

ただし，そうした才能に恵まれてはいますが，なかには社会性や情緒の発達に遅れを示す子どもや，発達障害・学習障害・強いこだわりや独特の性質をもつ子どももいます。

こうした両方の事情から，学級のなかで孤立しやすい傾向があります。それゆえ，孤立しないで学級になじんで学習ができるように工夫や配慮が必要となります。

文部科学省は，このたび「個別最適な学び」や「協働的な学び」の実現を打ち出しています。各々のギフテッドが最適な学びと，学級のなかに溶け込みクラスメイトとの協働的な学びができれば，孤立しないで自分の能力も伸ばすことができます。ここでは，通常のクラスで行える対応の仕方の例をあげます。

ギフテッドは得意な分野では，通常の教育内容を簡単に理解してしまいます。そのため当該授業等への興味・関心が低下することは当然です。そこでひとつの対応策として，授業の手伝い（アシスタント）をしてもらえばよいでしょう。大学でいえば，TA（teaching assistant）などの仕事です。

教師は基本的に教える側ですが，ギフテッドは一応子どもの立場で教えることになります。それゆえどちらかといえば，教えられる子どもたちも打ち解けた雰囲気で教えてもらったり，気軽に質問をしたりできるでしょう。

ギフテッドの多くは特定の分野で優れていますが，すべての分野で優れているわけではありません。それゆえ，ほかの子どもたちも「教師と同じようなことをしていやなやつだ」というネガティブな感情はあまりもたないことが予想され，ギフテッドを孤立から防いでくれると思います。私が知っているギフテッドは，理科が超得意で体育が超苦手でした。彼はクラスのみんなと打ち解け，「昆虫先生」と呼ばれながら学校生活を楽しく送れたようです。

第二には，ギフテッドにかぎっては，より高度な課題や宿題を別に与えることも有効です。たとえば，授業で教えている内容をより深く掘り下げる課題を与えたり，授業で教えている内容をより豊かにするような宿題（自由課題）を出したりするのがよいでしょう。そうしなければ没頭して学ぶことができず，大切な意欲は低下してしまい，不登校になることもあるかもしれません。

こうした方法は教科の専門家でなければ難しいところもあります。可能な範囲で実施できればよいと思います。また，ご自身でうまく対応できないときは，同僚の先生や大学の専門の先生などに相談するのもよいのではないでしょうか。いくらギフテッドが優秀であるといっても，その子の潜在的な能力が十分に発揮できるような対応をしなければ，その潜在的な能力は萎んでしまう可能性があります。

なお，先述の通り個々のギフテッドによって，社会性が育ちにくかったり，発達障害や学習障害の徴候が見られたりしますので，こうした点への配慮も怠らないようにしましょう。万能の天才はいないと思ったほうがよいでしょう。

第 3 節　精神的健康や幸福感を高める

だれもが身体的・精神的に健康であり，幸福を感じられるような生活が送れることを願っています。

ここではこのPart 10の締めくくりとして，精神的健康や幸福感を高める方法について，心理的欲求の充足を中心にまとめます。そしてより具体的な方法として「セルフ・コンパッション」を紹介します。

(1) 心理的欲求を充足する

理論編（Part 3）で紹介したように，動機づけに深く関係する心理的欲求として①有能さへの欲求，②自律性の欲求，③関係性の欲求，さらには④知的好奇心や⑤向社会的欲求，⑥自己実現の欲求があります。これらを充足することが精神的健康や幸福感を高めることになります。

1) 自己決定理論の視点から――三つの心理的欲求を充足する

自己決定理論のうちの基本的心理欲求理論では，精神的健康や幸福感を高めるためには，三つの基本的心理欲求を充足することが必要であると仮定（主張）しています。三つの基本的心理欲求とは，自律性の欲求，有能さへの欲求そして関係性の欲求です。

これらの欲求が充足されるとは，仕事を例にすれば，どのような仕事でも自分で決められる部分は好んで自分で決めて行っている（自律性の欲求の充足），できるだけ高い目標を設定してそれが実現できるようにしている（有能さへの欲求の充足），上司・同僚・後輩とうまく連携しながら仕事をしている（関係性の欲求の充足）などです。

このような形で心理的欲求が充足されれば，仕事面で幸福感を得ることができ，精神的にも健康でいられます。対人関係面でも同様のことがいえます。

さらにもうひとつ，自己決定理論のうちの目標内容理論によると，人生目標のもち方が精神的健康や幸福感に影響することがわかっています。すでに紹介した通り，内発的な人生目標を主としてもち，その達成に向けて努力しているとき，そして達成されたときやそのあとも，精神的に健康で幸福感も高いことが示されています。じつは内発的な人生目標を達成しようとする過程では，上記の三つの心理的欲求が充足されやすいのです。

2）自ら学ぶ意欲についての理論の視点から——四つの心理的欲求を充足する

自己決定理論は領域を限定しない一般的な理論ですが，自ら学ぶ意欲についての理論は学習という領域に限定された理論です。そうした違いにも関係しますが，自ら学ぶ意欲についての理論では四つの心理的欲求を仮定しています。それらは，知的好奇心，有能さへの欲求，向社会的欲求そして自己実現の欲求です。

自ら学ぶ意欲についての理論では，これらの心理的欲求が充足された証拠として，学ぶおもしろさや楽しさ，有能感，自己有用感，充実感（図3-4参照）が生起します。これらの認知や感情も精神的健康や幸福感を高めることになります。

自己決定理論では登場しない，知的好奇心とくに個性としての知的好奇心（特殊的好奇心）はその人独自の生き方を方向づけることになります。私のように心理学に強い興味関心をもつ者は心理学の分野で仕事を見つけられれば，いきいきと仕事ができます。

向社会的欲求とその充足は他者に対する思いやりの気持ちを醸成することになり，社会人としていきいきと仕事ができるでしょう。

さらに，自己実現の欲求は発達的には知的好奇心，有能さへの欲求，向社会的欲求が融合することで形成されることが仮定されています（図9-1参照）が，自分らしくいきいきと生きることを可能にするでしょう。

以上のように，自ら学ぶことに関する四つの心理的欲求も，学ぶことを通して精神的な健康や幸福感に大きな影響を与えます。

(2) 自分にやさしくなれる「セルフ・コンパッション」を高める

最近の研究によると，自分にやさしくなれることで精神的健康や幸福感が高まりやすくなることが報告されています。自分にやさしくなることで，先に紹介した心理的欲求の充足もされやすくなります。とくに有能さへの欲求に基づく有能感は感じやすくなります。

ここではそうした方法として注目されている「セルフ・コンパッション」を高める方法について櫻井（2021）などを参考に紹介します。

1) セルフ・コンパッションとは

セルフ・コンパッション（self-compassion）とは，単語の成り立ちからいえば，セルフ（自己に対する）とコンパッション（思いやり，同情）の合成語です。日本語では「自分へのやさしさ」「自己への慈しみ」などと訳されますが，わが国の心理学ではカタカナ書きのまま使うことが多いようです。

Neff（2011）や有光（2014）によると，セルフ・コンパッションとは「苦痛や心配を経験したときに，自分に対する思いやりの気持ちをもち，そうしたネガティブな経験を人間に共通のものと認識し，苦痛に満ちた考えや感情がバランスのとれた状態になること」と定義されています。簡単にいえば，自分にやさしく接して本来の自分を取り戻し保つこと，になるかと思います。

セルフ・コンパッションは三つの要素で構成されます。それらは，①自分へのやさしさ，②共通の人間性，③マインドフルネス（mindfulness）です。

中心的な要素である「自分へのやさしさ」は，他人にやさしくする場合と同じように自分にもやさしくすることです。具体的にいえば，友人や家族の者に大きな短所があったとしても，私たちはその友人や家族を嫌いにはならないように，自分の短所も受け入れて自分にやさしくすることです。

「共通の人間性」は，人間は誰でも失敗することがある，人間は誰でも他者を恨むことがあるというような信念を人間の共通性として認識することです。人間はある意味弱い存在なので，こうしたことを認めることで自分にやさしくなれます。

「マインドフルネス」とは，いまのネガティブな感情や思考にとらわれず目の前の大切なことに集中すること，より具体的にいえば，いまの経験に対してイライラしたり自分を否定的にとらえたりしたままで判断せず，いまのそうした感情や考えを受けとめ，目の前の大事なことに集中することです。たとえば，大きな失敗やとてもいやな経験をした場合でも，それにともなうネガティブな気持ちや考えをいったん受けとめ，その出来事に集中して対処することです。

セルフ・コンパッションの効果としては，自分にやさしくなれるほかに，①他者を思いやれる（共感性が高まる）ようになる，②幸福感，自尊感情，人生満足度が高まる，③先延ばしをしなくなる，④完璧主義（櫻井，2019参照）が改善される，などがあげられています。②の効果こそ，ここでセルフ・コンパッションを取り上げることにした理由です。

2）セルフ・コンパッションの実際

セルフ・コンパッションはどのように高めることができるのでしょうか。その方法について三つ紹介します。

ネガティブな感情や思考が生じたとき（たとえば，大事なテストで悪い点をとり，苦しくなったり自分を否定したくなったりしたとき）につぎのような対応が有効です。

①「いまの私は心に苦しみを感じている」「自分の苦しみは特別なものではない（人間に共通だ）」「私は自分にやさしくできる」のような，セルフ・コンパッション・フレーズを唱えること。

②セルフ・ハギング（自分で自分を抱きしめること）をすること。セルフ・ハギングをするとオキシトシン（愛情を深めたり心の癒しをもたらしたりするホルモン）が分泌され，安全安心の感覚が増して苦しみが和らげられ，ストレスが低減されます。

③コンフォートカードに記入すること。うまくできなかった自分にイライラしたり否定的になったりしたときに，その内容を茶色のカードに記入し，それに対するやさしい言葉や励ましの言葉をカラフルなカードに記入します。

このほかにも方法はあると思いますが，自分に適した方法を見出し用いることが効果的でしょう。

■引用文献

有光興記（2014）．セルフ・コンパッション尺度日本語版の作成と信頼性，妥当性の検討　心理学研究，*85,* 50-59.

國分康孝（1980）．カウンセリングの理論　誠信書房

國分康孝（監修）岡田　弘・片野智治（編集）（1996）．エンカウンターで学級が変わる　小学校編――グループ体験を生かした楽しい学級づくり　図書文化社

Neff, K. D. (2011). *Self-compassion: Stop beating yourself up and leave insecurity behind.* William Morris. クリスティーン・ネフ（著）石村郁夫・樫村正美（訳）（2014）．セルフ・コンパッション――あるがままの自分を受け入れる　金剛出版

櫻井茂男（2019）．完璧を求める心理――自分や相手がラクになる対処法　金子書房

櫻井茂男（2020）．思いやりの力――共感と心の健康　新曜社

櫻井茂男（2021）．無気力から立ち直る――「もうダメだ」と思っているあなたへ　金子書房

あとがき

本書は，これまでの動機づけ研究を平易にまとめた入門書であると同時に，私の 40 年におよぶ動機づけ研究の一端を紹介した書物でもあります。私自身は力作と思っていますが，いかがでしたでしょうか。

現在，動機づけ研究は大きな山を越え，今後進むべき道を模索しているように思えます。進化学や脳科学など異分野とのコラボレーションは見られますが，動機づけに関する本来の心理学研究がどのような方向に進むのかについては，見通せていないように感じています。

若い方のなかには，動機づけに興味をもたれたり，その発展として動機づけ研究にかかわってみたいと考えたりする方が必ずおられると期待しています。そうした方々も意識して，本書を執筆しました。本書によって動機づけ研究のこれまでの成果をふまえ，今後の研究が創造的に展開していくことを願ってやみません。

ところで私自身の研究を振り返ってみると，いわゆる「非認知能力」に関係する研究が多かったように思います。内発的動機づけの研究に始まり，向社会的動機づけ（共感性を含む），自ら学ぶ意欲，学びのエンゲージメントそして無気力の研究などです。完璧主義（完全主義）の研究もありました。意図したことではないのですが，認知能力がうまく機能するように「縁の下の力持ち」的な存在である非認知能力を研究してきたようです。

長い研究生活では，多くの先生にご支援をいただきました。筑波大学での大学院生時代に指導教員としてお世話になりました高野清純先生，同大学副指導教員として支えていただきました故杉原一昭先生，信州大学での大学生時代からいまにいたるまで公私にわたりお世話になっております田上不二夫先生，そして私の博士論文のテーマである内発的動機づけ（自己決定理論の一部）研究の世界的な権威であるアメリカ・ロチェスター大学のデシ（Edward L. Deci）先生など，あげればきりがありません。先生方，誠にありがとうございました。

デシ先生には在外研究の際に家族でお世話になりました。子ども（1 歳 4 か月）連れの私どもを空港まで自家用車で迎えにきてくださったり，最初の 1 か月間車が購入できずにいた私を大学に通えるように毎日車で迎えにきてくださったり，いま考えるととても恐れ多いことをしていただいていたように思います。先生のご著書（訳書名：『人を伸ばす力――内発と自律のすすめ』新曜社，1999年）を仲間の力をお借りして翻訳できましたことは，恩返しのひとつになったのかなと勝手に思っています。

また，私の研究室の教え子たちにも世話になりました。名前をあげることは差し控えますが，彼らのおかげで教育や研究が楽しくできました。いまはまた研究で助けられています。心から感謝です。

さらに，私がやりたい研究を滞りなく遂行できましたのは，家族のあたたかい支援があったからでもあります。妻には終始やさしく助けてもらいました。同じ心理学の研究者としてよく議論もしました。また，息子には若い力で勇気づけてもらいました。二人には感謝の念に堪えません。

そして最後になりましたが，本書の出版をご快諾いただきました金子書房の金子紀子社長，執筆内容について貴重なコメントをいただきました編集部の渡部淳子さんに感謝いたします。渡部さんには前二著『完璧を求める心理』『無気力から立ち直る』につづき三冊目の編集をお願いしましたが，的確なサポートのおかげでここに本書を上梓することができました。ありがとうございました。

2024（令和6）年3月

櫻井茂男

索　引

さ・し

す

せ

そ

た

ち

て・と

な

に

ね

の・は

ひ

ふ

ほ

ま

み

む

め

も

や・ゆ

よ

ら・り

る・れ

わ

櫻井茂男（さくらい しげお）

1956 年長野県生まれ。

筑波大学大学院心理学研究科（博士課程）心理学専攻修了。奈良教育大学助教授，筑波大学心理学系助教授，同人間系教授などを経て，現在，筑波大学名誉教授。教育学博士。

著書に，『学習意欲の心理学——自ら学ぶ子どもを育てる』（誠信書房，1997 年），『自ら学ぶ意欲の心理学——キャリア発達の視点を加えて』（有斐閣，2009 年），『子どものこころ——児童心理学入門 新版』（共著，有斐閣，2014 年），『自律的な学習意欲の心理学——自ら学ぶことは，こんなに素晴らしい』（誠信書房，2017 年），『自ら学ぶ子ども—— 4 つの心理的欲求を生かして学習意欲をはぐくむ』（図書文化社，2019 年），『完璧を求める心理——自分や相手がラクになる対処法』（金子書房，2019 年），『学びの「エンゲージメント」——主体的に学習に取り組む態度の評価と育て方』（図書文化社，2020 年），『思いやりの力——共感と心の健康』（新曜社，2020 年），『たのしく学べる乳幼児のこころと発達』（編著，福村出版，2021 年），『改訂版　実践につながる教育心理学』（監修，北樹出版，2021 年），『無気力から立ち直る——「もうダメだ」と思っているあなたへ』（金子書房，2021 年）など多数。

動機づけ研究の理論と応用

個を活かしながら社会とつながる

2024 年 6 月 25 日　初版第 1 刷発行　　検印省略

著　者　櫻井茂男

発行者　金子紀子

発行所　株式会社　金子書房

〒112-0012 東京都文京区大塚 3-3-7

TEL　03-3941-0111〔代〕／FAX　03-3941-0163

振替　00180-9-103376

URL　https://www.kanekoshobo.co.jp

印刷／藤原印刷株式会社

製本／有限会社井上製本所

ISBN978-4-7608-2856-2　C3011　　Printed in Japan